건축, 모두의 미래를 짓다

건축, 모두의 미래를 짓다

서가명강 17

건축 너머의 세계를 향한 치열한 질문과 성찰

김광현 지음

서울대학교
건축학과 명예교수

21세기북스

이 책을 읽기 전에 학문의 분류

인문학
人文學, Humanities

언어학, 역사학, 종교학,
문학, 고고학, 미학, 철학

사회과학
社會科學, Social Science

경영학, 심리학, 법학, 사회학,
외교학, 경제학, 정치학

자연과학
自然科學, Natural Science

과학, 수학, 의학 ,
물리학, 생물학, 화학

공학
工學, Engineering

기계공학, 전기공학, 컴퓨터공학
재료공학, 산업공학, 건축학

건축학
建築學,
Architecture

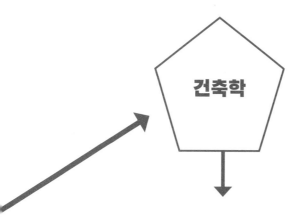

건축학이란?

建築學, Architecture

건축학은 인간 생활을 영위하는 데 빠질 수 없는 삶의 공간을 구축하는 데 필요한 건축의 계획, 설계, 구조, 실내환경 등의 문제를 다룬다. 지구환경 시대의 구조, 재료, 설비 등의 공학과 기술에 바탕을 두고 인문적, 사회적, 경제적, 심리적인 지식과 예술적 감성을 횡단하며 이를 통합하는 실천적 종합 학문이다. 또한 건축학은 제도와 법규, 도시계획 및 경제활동뿐만 아니라 공동체 속에 존재하는 인간의 가치, 공공성, 지속 가능한 사회 등 사회와의 관계가 밀접하다. 따라서 건축학은 인간의 근본을 가장 가깝고 깊이 이해하는 공학이며, 사회를 공간적 · 장소적 기반을 구축하는 학문이다.

이 책을 읽기 전에 주요 키워드

건축 설계

특정 대지에 건축물을 구축하기 위한 요구나 조건을 조정하여 기능, 형태, 구조를 구체화하는 과정이다. 인간 생활에 바탕을 둔 생각을 근거로 건축주와의 최종적인 합의를 거치면서 건축물의 사회적, 법률적, 환경적 조건에 따라 기본목표를 수립한 다음, 기능, 규모, 형태, 구조, 재료 등 건물을 짓는 방침을 결정하고, 배치, 평면, 입면, 구조, 재료, 설비시스템, 개략공사비, 기간 등의 사항으로 상세히 결정해 가는 창조적 작업이다.

요구(Need)와 욕망(Desire)

'요구'란 따뜻한 곳에 있고 싶다는 생리적·감각적 필요처럼 타자의 존재나 반응에 좌우되지 않는 것이며, 애정, 신뢰, 지원 등 자신의 가치를 재확인하도록 타자가 무언가를 지속해서 주기를 바라는 것(demand)이기도 하다. 반면 '욕망'은 손에 넣을 가능성이 있는 대상이나 타자를 향하지만, 만족한 후에도 또다시 다른 욕망이 싹튼다는 점에서 요구와 다르다. 그러나 건강한 욕망은 꿈이며 희망이고 살아가는 힘이므로 단순히 과욕, 탐욕으로만 볼 수는 없다.

균질 공간(Homogeneous Space)

자본 논리, 편리, 효율, 경제성 등 모든 조건에 균등하도록 근대주의 건축이 창안한 공간으로, 평등함을 실현한다는 이유로 세계를 잠식한 공간이 되었다. 외형은 단순하고 공간은 등질하며 대개 유리 커튼월로 뒤덮은 직육면체의 고층 건물이 전형이다. 균질 공간은 세계 어디에든 똑같은 건물을 짓고, 바깥 세계와 단절된 채 장소성과 아무 관계가 없는 환경을 만드는 주요 요인이다.

헤테로토피아(Heterotopia)

이상으로 삼고 있거나 당연하게 받아들이는 장소에 이의 제기를 하며 그 바깥에 실제로 존재하는 이질적이고 껄끄러운 장소를 일컫는 말이다. 푸코는 속으로는 바라면서도 실제로는 소외시키고 있다 하여 '바깥 공간들(Other Spaces)'이라 불렀다. 정상적인 공간을 유지하기 위해 자본주의 사회에서 배제된 저소득자들의 주거지, 다락방, 침대, 도서관, 정신병원, 테마파크, 찜질방 등 우리 주변에는 헤테로토피아가 의외로 많다.

한나 아렌트(Hannah Arendt)

철학자, 유대인, 여성, 난민으로서 불꽃 같은 삶을 살았던 20세기 최고의 정치사상가로 '단독자인 인간', '한 인간'이 아닌 '인류'가 지구에 살며 세계에 거주하는 사실에 주목한 정치 이론가였다. 나치 체제가 등장한 1933년 파리로 망명해 유대인 운동에 참여했다. 1941년 미국으로 이주한 후 정치철학 교수로 재직했고, 1959년에는 프린스턴 대학에서 여성 최초로 전임 교수직에 지명되었다. 《전체주의의 기원》(1951)을 발표해 학계의 주목을 받았으며, 《인간의 조건》(1958)으로 정치철학자의 입지를 굳혔다. 그의 사상은 20세기를 넘어 난민·인종차별·소수자 문제·극우주의 등의 문제에 직면한 오늘날에도 매우 중요한 의미를 전하고 있다.

루이스 칸(Louis Kahn)

20세기를 대표하며 최후의 거장이라 불리는 미국 건축가(1901~1974). 건축가로서 인정받은 최초의 작품은 50세 때 설계한 '예일대학 미술관'으로, 이후 74세까지 24년 동안 설계한 작품 수는 적다. 그럼에도 그는 건축공간을 주(主)공간과 종(從)공간을 구별하여 현대 기술에 대응했으며, 벽에 물성을 강조한 건축, 공간의 중심에 선 인간, 현대건축과 역사의 연속성을 복원했다. "건축은 '방'의 공동체"라는 그의 말에서도 알 수 있듯이, 모더니즘 건축이 오랫동안 잊고 있었던 인간을 명확한 구조와 빛이 있는 공간으로 정착시켰고, 인간을 에워싸 원초적 공동체 공간의 본질을 추구함으로써 현대건축에 지대한 영향을 미쳤다.

젠네 모스크(Djenné Mosque)

세계에서 가장 큰 진흙벽돌 건물로 이슬람 문화의 영향을 받은 수단-사하라 양식 건축물의 대표적인 걸작이다. 말리와 젠네를 상징하는 아프리카의 대표적 랜드마크로, 1988년 유네스코 세계유산으로 등록되었다. 역사적인 가치가 있는 말리의 많은 모스크에 전기와 수도의 도입으로 외관이 훼손되었으나, 젠네의 시민들은 모스크의 고결함을 지키고자 건물 자체의 현대화에 반대했다. 시민 전체가 독특한 연중행사로 모스크를 보수하고 있다.

차례

건축이 사회와 소통하는 가장 강력한 통로는 다름 아
닌 '기쁨'이다. 이것이 오늘날 건축물에서 반드시 구
현해야 할 인간과 공간의 관계다.

건축, 사회에 질문을 던지다

건축을 어떻게 이해하고 배워야 할까? 건축을 내 것이 아닌 우리 것으로 이 땅에 지으려면 근본적으로 어떤 질문을 해야 할까?

이 질문은 유명한 건축가 몇 명을 안다고, 건축이 무슨 양식으로 지어졌다고, 건축은 예술이요 문화라고 주장한다고, 인문학적 건축이라며 멋지게 포장한다고 해결되지 않는다. 건축은 국가, 자본, 대중, 욕망으로 생산되고 유통되고 소비되는 것이며, 이로부터 결코 자유롭지 않다. 건축 뒤에는 우리가 모여 사는 '사회'가 그대로 숨어 있기 때문이다. 이렇게 바라보지 않는 이상 건축이 만들어내는 풍부한 생활 공간에서 지낼 수 없다.

'사회가 건축을 만든다.'

흔히 듣는 말이다. 이 말에는 사회라는 공동체는 언제나 아름답다는 전제가 깔려 있다. 사회는 선하고 올바르니 그런 사회의 요구를 건축은 충실히 받아 적으면 된다는 뜻이다. 그러나 그 사회가 어떤 사회이기에 그 요구대로 건축물을 지어야 하며, 그 사회에 대응해 건축은 어떤 답을 내놓아야 하는가? 이러한 물음 없이 '사회가 건축을 만든다'는 말을 공리처럼 받아들일 수는 없다.

'건축은 그 시대를 반영하는 거울'이라는 말도 많이 듣는다. 그 정도로 건축이 대단한 역할을 하고 있다는 말로 들린다. 그렇지만 알고 보면 이것도 '사회가 건축을 만든다'를 달리 표현한 것이고, 결국 '건축은 우리의 삶을 담는 그릇이다'와 같은 말이다. 거울은 스스로 작동하지 않는다. 사회가 이리 비추라 하면 건축은 이리 비추이고, 행정이 저리 비추라고 명령하면 건축은 복종해 저리 비추인다는 말이기도 하다. 사회가 명령하면 건축하는 사람은 그 명령에 충실하게 복종해야 한다는 뜻이다. 건축 뒤에는 이렇게 사회가 숨어 있다.

건축은 공간을 배열한다. 이때 공간은 예술적인 공간이 아니라 쓰임새가 기능적으로 연결되어야 한다. 그런데 사회가 철저하게 효율만을 위한 상수로 공간을 요구할 때, 요구는 목적이 되고 건축물은 요구를 자동으로 번역하는 수단이 되고 만다. 건축물은 물리적 수단으로 관리되고, 건축물을 설계하는 건축가는 이 수단을 충실히 번역해주는 전문가면 된다.

그러나 그 결과 건축물을 획일화한다. 공간은 소비되는 것이며 그러려면 균질해져야 한다. 그런데 균질해진 공간은 계속 확장하면서 장소를 파괴한다. 생활하는 사람도, 사고도 획일화된다. 주민을 무감각한 소비자로 양산한다. 사회와 행정이 건축을 이렇게 굳게 믿으면 건축의 공공성도 획일화해 균질한 건축을 생산하는 근거가 된다.

'사회가 건축을 만든다'를 뒤집으면 '건축이 사회를 만든다'인데, 이 말도 건축하는 사람들이 많이들 쓴다. 그러나 말은 이렇게 해도 건축이 사회를 바꿀 정도로 강력하다고는 믿지 않을지도 모른다. 그렇다면 차라리 이렇게 질문해보라. 모여 사는 사람들이 왜 격리한 채로 살아야 하는지, 전국 학교 건물의 배치와 교실은 왜 그리도 똑같은

지, 사람들은 왜 더 넓은 공간을 차지하고 소비하려 하며, 이 나라는 왜 주택을 매물이라 부르는지. 이 모든 질문은 건축과 관련된 것이며 우리 삶에 깊이 관여하는 문제다.

건축은 공동체에 질서를 주기 위해 짓는 공간을 말한다. 건축을 생각할 때 잊어서는 안 될 가장 중요한 정의다. 우리 사회가 지금 막 생겨난 것이 아니듯이, 사회를 움직이는 도시와 건축도 막 생겨나지 않았다. 오래전부터 도시의 수많은 건축물을 만들어왔고, 건축은 그렇게 사회의 질서를 만들었다. 건축이 바라는 질서와 사회가 바라는 질서는 하나가 아니다. 서로 다르다. 그러니 건축은 개인사가 더더욱 아니다.

건축의 뛰어난 목적은 그것이 아름답건 아름답지 못하건 함께 사는 사람들이 공동의 가치를 공유하고 지속하게 해준다는 데 있다. '우리'는 둘일 수도 있고 가족일 수도 있으며 아주 큰 국가일 수도 있다. 사회는 건축의 수명에 기대어 질서를 형성한다. 그러니 한번 지은 건축물은 수명이 길어 그것이 미치는 좋은 힘, 나쁜 힘도 오래간다. 건축이 사회를 위해 새로운 제안을 할 줄 모르면 사회는 건축에 무리하게 질서를 요구하게 된다. 모든 사람이 의지를 가진 생활인으로서 건축을 알고 함께 실천해야 하는 이유가 여기에 있다.

2021년 4월

김광현

1부

건축은

불순한

학문이다

건축하는 사람들은 이렇게 말한다. 건축은 언제나 아름답고 인간을 생각하며 환경에 순응한다고. 그럴까? 그렇다면 건축이야말로 인간이 만들어낸 가장 아름다운 산물이어야 하고, 건축가는 누구보다 행복한 직업이라야 할 것이다. 그러나 현실에는 아름답지 못한 건축물도 많고 건축가가 가장 행복한 것도 아니다. 이런 식으로 건축을 묘사해서는 세상에 도움이 되는 새로운 건축물을 생산하지 못한다. 건축은 태생적으로 '배제'하는 것, 이기적인 산물이다.

건축은 본래 이기적이다

건축, 시대의 움직임

흔히 아주 좋은 것을 "저것 참 예술인데"라고 말한다. 그러나 건축은 순수한 예술로만 바라봐서도 안 되고 그것과 견줘서도 안 된다. 건축이 예술과 얽혀 있는 것은 사실이지만, 그 바탕에는 기술이 깔려 있다. 근대 건축의 조형적 가능성을 제일 먼저 개척한 이는 철과 유리를 능숙하게 활용하던 기사였다. 당시 건축가들은 양식적인 디자인에 얽매여 있었다. 기술은 건축 밖에 있다. 그러나 건축의 미래를 연 것은 그 기술이었다. 그렇다고 건축이 순수한 기술인 것만도 아니다. 만일 건축이 순수한 기술이라면 AI 등 첨단 기술로 지은 건축이 가장 앞선 건축이어야 할 것이다. 그러나 그런 건축물에 살 수 있는 사람이 과연 몇 퍼센트나 될까? 게다가 건축은 과거와 기억을 간직하는 사물이기도 하다. 건축은 예술, 기술과 깊이 관련되긴 해도 참으로 많은 것을 충족해야 하는 순수하지 못한 산물이다.

기술 중에는 사라져버린 것도 많다. 산업 혁명을 이끈 증기기관차는 유원지에서나 달리고, 현대 문명을 주도하는 컴퓨터도 새로 나타났다 사라지기를 반복한다. 그러나 건축은 인간이 원시시대부터 만들어온 근본 기술이다. 새로운 기술이 도입된다 할지라도 원시시대부터 써온 진흙과 돌은 오늘날에도 여전히 쓰이지 않는가? 그런가 하면 아무리 진보한 현대 건축도 중세의 고딕 대성당을 넘어서지 못하고, 최신식 건축도 근대 건축의 명작을 뛰어넘기 어렵다. 건축은 사람이 이 땅에서 살아가는 한 영원히 보수적이고 복잡한 현재 진행형 기술이다. 20세기 초 빈의 건축가 아돌프 로스Adolf Loos는 이렇게 말했다.

예술 작품은 혁명적이고, 집은 보수적이다. 예술 작품은 인류에게 새로운 길을 제시하고 미래를 생각한다. 그러나 집은 현재를 생각한다.[1]

건축학은 참 많은 학문에 걸쳐 있다. 기원전 1세기 고대 로마의 건축가이자 기술자였던 비트루비우스Vitruvius는 건축가가 배워야 할 지식으로 글쓰기, 그림그리기, 기하학, 광학, 수학, 역사, 철학, 음악, 의학, 법학, 천문학 등을 열거했다. 이는 지금의 건축학 교육과도 거의 일치한다. 이 정도면 거의 모든 학문이 건축에 관계한다.

건축을 만들어내는 지식, 관점이 그 옛날에도 그렇게 다양하고 복잡했다는 말이다. 뒤집어 생각하면 건축은 고상한 잡학이고 불순한 학문이라 할 정도로 인간과 사회에 복잡하게 관련되어 있다. '잡학'이며 '불순'하다 하니 부정적으로 들릴지 모르지만, 건축에는 생각 이상으로 사회에 대한 지식과 시선이 다양하게 연결되는 만큼, 건축과 공간은 전문성의 틀을 넘어 횡단적인 태도에서 생산된다고 할 것이다.

건축이 사회적 산물인 것은 사실이다. 그러나 그런 말로 끝낼 일이 아니다. 오래전부터 건축을 '종합 예술'이라고 말해왔다. 얼핏 높여 말해주는 것처럼 들린다. 하지만 무엇을 종합한다는 말인가? 다른 학문을? 그러나 '종합 예술'이라는 말에는 수많은 요인을 만족시켜야 비로소 건축이 성립한다는 뜻이 담겨 있다. 좋게 말하면 건축은 다양하고 변화하는 사회와 관련된 산물이지만, 건축물 하나가 완성되기까지 거쳐야 하는 수많은 조건과 한계를 이해하지 않으면 안 된다는 뜻이기도 하다.

21세기에 들어 사회의 틀이 크게 변했다. 그러면 근대 이래 근대 사회와 깊이 관계 맺고 발전한 건축의 틀은 어떻게 변해야 할까? 학교를 개혁하고 박물관도 정보화해야 한다는데, 이런 변화를 예상하지 못하고 지어진 이래 지금까지도 우리 사회의 근간을 받치고 있는 여러 건물 유형, 예를 들면 주택, 학교, 사무소, 백화점, 박물관, 미술관, 병원, 공장 등 사회 제도에 의해 생겨난 건물이 많다. 따라서 이들을 어떻게 바라봐야 하는가가 중요한 문제가 되지 않을 수 없다. '건축은 그 시대를 반영하는 거울'이라 했으니 변화 역시 반영해야 하지 않겠는가? 이것은 그야말로 지난한 노력 없이는 해결할 수 없을 만큼 심각한 질문이다.

21세기에 들어 건축은 물리적인 공간에 그치는 것이 아니라는 인식이 널리 퍼졌다. 학교의 교육 프로그램과 교수법이 달라졌고, 정보화 시대의 박물관은 과거를 수집·전시하는 것만으로는 안 되게 되었다. 공간 중심적인 사고가 어느덧 정보, 환경, 재생이라는 방향으로 바뀌고 있다. 그런데 이는 건축가에 앞서 사회가 먼저 주목하는 주제다. 사회가 중시하는 바를 건축이 뒤따라가는 형국이다. 근대 건축의 조형적 가능성을 제일 먼저 개척한 이들이 건축가가 아니라 기사였던 것과 같다. 이제 사회는 불순한 복합물인 건축에게 변화에 맞춰 과제를 해결하라고 요청하고 있다.

배제하는 건축

건축하는 사람들은 이렇게 말한다. 건축은 언제나 아름답고 인간을 생각하며 환경에 순응한다고. 그럴까? 그렇다면 건축이야말로 인간이 만들어낸 가장 아름다운 산물이어야 하고, 건축가는 누구보다 행복한 직업이라야 할 것이다. 그러나 현실에는 아름답지 못한 건축물도 많고 건축가가 가장 행복한 것도 아니다. 이런 식으로 건축을 묘사해서는 세상에 도움이 되는 새로운 건축물을 생산하지 못한다.

건축은 태생적으로 '배제'하는 것, 이기적인 산물이다. 아주 오래전부터 사람들은 건축으로 우월함을 뽐내며 주변과 구별 짓고 나아가 주변을 제압하려 했다. 선사시대의 멘히르menhir, 선돌는 땅을 장악한 것이고, 제 존재를 드러내기 위해 구축한 것이었다. 거석문화 이후의 건축은 모두 중력에 대항하는 구축 의지를 표현했다. 고전주의 신전의 기단은 땅과 분리하기 위한 것이다.

집은 외적으로부터 생활을 지키는 그릇이다. 오늘날에는 집을 짓느라고 땅을 파헤쳐 수맥을 끊는다. 기밀한 창을 두어 실내외의 공기를 차단하고 단열하며, 빗방울 한 방울도 들어오지 않게 방수한다. 오늘날의 건물은 안을 위해 밖을 배제하는 그릇이다. 지속 가능성 측면에서 보면 지금의 건축물은 아름다운 그릇이 아니다. 쾌적함을 위해 밖에서 얻은 에너지를 기계나 도구로 소비하고, 더러워진 물과 공기를 외부 환경에 배출하는 그릇이다. 건물은 에너지나 물을 대량 소비하고 쓰레기를 대량 배출하는 말단 기기다. OECD 국가 에너지 소비량의 약 30퍼센트가 건축 부문의 몫일 정도로 건물은 외부 환경을 소비하며 쾌적한 실내 환경을 얻는 그릇이다.

그뿐인가? 건축은 건축주의 욕망을 실현해주는 수단이다. 건축 공사는 이웃과 분쟁을 자주 일으킨다. 건축은 부동산이고 재산 형성을 위한 욕망의 산물이다. 근대 건축은 순수한 것, 고립된 것, 더 나뉠 수 없는 것, 기능에 충실한 것, 효율이 높은 것 등을 최우선 가치로 여겼다. 유별나게 흰색을 좋아하며 주변과 구별하려고 안간힘을 썼다. 현실이 이러한데 건축을 정신과 문화로 배제하는 우월주의는 '집은 사고파는 부동산이어서는 안 된다'고 가르치고 있다. 건축가의 특유한 작품 우월주의도 심각한 배제의 논리 중 하나다.

우리나라가 건축법은 대지 하나에 건물 하나를 규제하는 법이다. '개個'의 논리만 있고, '집합集合'의 논리가 없다. 도로로부터 건축선을 지정해 안으로 밀어넣은 건물은 대지의 수평 면적에서 일정한 비율만 차지할 수 있다. 그러고서 건물은 다시 안으로 들어간다. 사선 제한도 있고, 일조권을 고려해 인접 대지의 경계에서 정북 방향으로 일정한 거리를 둔다. 이런 법규를 지키고 나면 결국은 고립된 건축물이 되고 만다. 건축물만이 아니다. 도시도 '토지 이용계획'에 따라 주택지, 상업지, 학교, 공공 청사 등 용도에 맞춰 분할하고, 정해진 땅에는 정해진 용도의 건물만 세우게 한다.

건축물은 어떻게 지을지 기획한 바를 건축가가 수주한

다음, 설계한 것을 심의해 허가를 받아야 비로소 짓는다. 이 긴 과정에는 용도, 기능, 규격, 표준, 지역 지구제, 건축선, 사선 제한, 건폐율, 기부 체납 등 사회가 요구하는 수많은 배제 논리가 법규로서 개입한다. 모두 근대 사회의 근대 건축과 도시 계획 제도가 만든 것들이다. 건축을 규제하는 배제 논리의 속을 들여다보면 생산, 상품, 소비라는 자본주의의 요구가 담겨 있다.

근대 건축은 흰색을 가장 우월한 색채로 보았다. 언제 봐도 새 건물처럼 보이는 데 유리하기 때문이다. 그런 이유로 르코르뷔지에의 사보아 주택Villa Savoye, 1931은 사람이 살지 않는데도 언제나 새하얗다. 하얀 벽면은 이상적이고 정적이며, 완성된 색깔이고 주위 환경으로부터 독립하는 배제의 색이다.

이처럼 근대 건축 대부분은 시간을 없애는 건축, 순간의 가치를 중요하게 여기는 건축을 지향했다. 시간에 무관하게 언제나 새것으로 보이는 순간의 가치를 우선하게 된 것이다. 그러나 건축이 품어야 할 시간은 순간이 아니다. 근대 건축에서는 투명한 볼륨을 실현하기 위해 내부와 외부를 차단하고 비물질적인 피막으로 외관을 만들어, 공업화된 재료, 표준화된 재료를 반복 사용함으로써 공사 기간을 단축했다. 시간과 함께 변해가는 재료보다는 시간이 지나도 헐지 않는 화학 재료가 많이 사용되었는데, 지금도 우리를 둘러싼 방들은 대부분 그런 재료로 되어 있다.

그 결과 건축물의 외관은 시간이 지나도 깨끗하고 투명해 보이지만, 기존 공산품의 규격과 공기 단축을 위해 교환되고 접합되는 부재는 오히려 건물을 빨리 노화시키는 요인이 됐다.

사람만 앞세운 건축론

우리나라에서는 건축을 말할 때 '우리의 삶을 담는 그릇이다', '사람을 담는 그릇이다'라는 말을 많이 한다. 아마도 이것은 '말은 생각을 담는 그릇'이라는 표현을 닮아서 더욱 그런 것 같다. 법정 스님은 이렇게 말했다.

말은 생각을 담는 그릇이다.
생각이 맑고 고요하면 말도 맑고 고요하게 나온다.
생각이 야비하거나 거칠면
말 또한 야비하고 거칠게 마련이다.

그러므로 그가 하는 말로써 그의 인품을 엿볼 수 있다.

그래서 말을 존재의 집이라 한다.

그런데 이 말씀에서 말을 건축으로, 생각을 삶으로 바꾸어보라. 이상해진다.

건축은 생각을 담는 그릇이다.

삶이 맑고 고요하면 건축도 맑고 고요하게 나온다.

삶이 야비하거나 거칠면

건축 또한 야비하고 거칠게 마련이다.

그러므로 그가 하는 건축으로써 그의 인품을 엿볼 수 있다.

그래서 건축을 존재의 집이라 한다.

삶이 바르고 깨끗하면 건축도 아름다워지는가? 그 집에 살고 그 공간을 이용하는 사람이 집의 성격을 아름답게도, 야비하게도 만드는? '말은 생각을 담는 그릇'은 지당한 말이다. 그러나 '건축은 삶을 담는 그릇'은 쉽게 성립하기 어려운 말이다.

'건축은 삶을 담는 그릇'이란, 그릇은 변함이 없고 담기는 것이 중요하다는 뜻이다. 그릇에 밥을 담으면 밥그릇이 되고 국을 담으면 국그릇이 된다는 말이다. 이때 건축은 한 일이 별로 없다. 일종의 건축 무용론이다. 반대로 '건축은 삶을 담는 그릇'에서 '그릇'에 관심을 기울이면 전혀 다르게 읽힌다. 그릇이 둥글면 담기는 물도 둥그레지고, 그릇이 네모나면 물도 네모꼴로 담긴다. 건축가가 건축물에 사는 사람의 삶의 방식까지 정해주는 것이 되고 만다. 이처럼 '건축은 삶을 담는 그릇'이란 말은 여러모로 의심해봐야 한다.

또 '사람은 건축을 만들고 건축은 사람을 만든다'는 윈스턴 처칠의 말도 즐겨 인용한다. 그러나 처칠은 "우리가 우리 건물our building을 만들지만, 그 건물은 다시 우리를 만든다"고 했을 뿐 건축architecture이라고 말하지 않았다. 그가 말한 '우리'란 국회의사당에서 토론하는 의원이지, 사람 전반을 뜻한 것이 아니었다. 그런데도 말이 하도 멋있어 일부러 잘못 옮기며 되풀이하는 것은 결국 건축이 사람의 삶을 '만든다'고 주장하고 싶기 때문이다.

아무리 훌륭한 건축가라도 그 집에 사는 사람의 생활 방식을 결정할 권한은 없다. 좋은 건축의 영향을 많이 받는다 할지라도, 사람의 삶이란 그저 살아가는 건물로 변화할 만큼 단순하지 않다. 건축가가 제집을 손수 지어 산다고 하자. 본인도 그 집으로 자기 삶이 바뀐다고는 말할 수 없을 것이다. 건축가가 아무리 대단한 직업이라 할지라도 남의 삶을 알지 못하건만, 어떻게 건축이 사람들의 생활 방식을 결정한다고 오만하게 말하겠는가? 근대 건축의 거장 루트비히 미스 반데어로에^{Ludwig Mies van der Rohe}는 이렇게 말했다.

건축가인 우리는 다른 이의 삶을 바꿀 수 없다. 사람의 삶은 변할 수 있다. 하지만 건축가가 바꾸지는 못한다. 건축가는 단지 물리적 변화를 일으키는 사물을 안내할 뿐이다.

사회학자 앙리 르페브르^{Henri Lefebvre}는 건축가들이 공간의 의사醫師 행세를 하며 공간이 인간관계를 만들어낸다고 믿고 있다고 크게 비판했다. 구체적으로 르코르뷔지에의 이름을 들어 그 같은 건축가는 사회적 현실이 공간보다 앞서는데도 이를 공간에 합치시키려는 공간결정론에 빠져 있다고 했다. 공간이란 사람이 사용하면서 생산되는 결과인데도 이를 무시하고 사회 문제를 공간 문제로 바꾸려 한다는 것이다. 그는 공간결정론에 빠진 건축가들을 가리켜 '여러 의미 체계 중에서도 가장 많이 주의를 기울여 건축가들의 체계를 연구해야 할 이유가 있다'[2]고 여러 번 비판했다.

'건축은 우리의 삶을 담는 그릇'이란 결국 건축이 사회를 담는 그릇이라는 말이 된다. 사회가 먼저고 그것이 담길 건축을 만들기도 한다는 뜻이다. 그런가 하면 건축이 사회를 공간적으로 결정한다는 생각도 담고 있다. 사회가 그릇되면 그릇된 건축을 만들고, 그릇된 건축은 그릇된 사회를 공간적으로 결정한다는 것이다. 건축을 아름답게만 보면 자랑스럽게 떠벌리는 말의 모순을 알아채지 못한다.

사회에 대한 환상

건축가가 사회에 대해 갖는 태도는 두 가지다. 우리 사회는 좋은 건축을 알아주지 않고, 건축가를 존중하는 문화가 부족하다며 비판하는 건축가가 있다. 건축은 선한 것인데, 사회는 이를 구현하는 건축가의 창의성과 예술성을 존중하지 않는다는 것이다. 이들은 스스로 바깥에서 사회를 비판한다고 생각한다. 그리고 작가, 작품, 비평, 독창성, 창의성, 새로움 등 전문적인 개념을 즐겨 사용한다. 그들은 작품이 모든 것을 말해준다고 여기며 사회에 대한 회로를 차단하고 열린 언설로 소통하려 하지 않는다.

이와는 달리 건축가는 사회를 위해 일하는 사람이라고 믿는 건축가가 있다. 건축은 모든 사람을 위한 것이므로 곧 사회를 위한 것이고, 따라서 사회의 요구를 성실하게 번안해야 한다는 것이다. 발터 그로피우스Walter Gropius 같은 근대의 지도적 건축가도 '건축가의 본분은 사회를 구성하는 사람들을 위해 봉사하는 것'이라고 했다. 이렇게 주장하는 이들에게 건축은 사회가 작동하는 과정에서 생기는 부산물이다. 이들은 '사회'를 '시대'로 바꿔 '시대마다 그 시대의 건축물을 생산한다'고도 말한다.

그들은 '사회적 요구는 공동체 구성원의 공통적 바람'이라고 믿는다. 따라서 건축가는 사회와 동떨어진 개인적 예술 세계에 빠져서는 안 되고, 사회라는 상대를 항상 인식해야 한다고 생각한다. 이들에게 사회는 언제나 선하다. 건축은 선한 사회의 부산물이므로 사회 활동을 하는 인간의 선한 요구에 충실하게 부응하고 때로는 복종해야 한다. 그러나 이와 달리 사회란 구성원 공통의 바람을 단순화하고 하나의 원리로 묶어버리곤 한다. 그런데도 이들은 사회의 이러한 성향을 의심하지 않으며, 공동체라는 이름으로 사회를 아름답게 포장하는 버릇이 있다. 실상 취미나 기호, 정치적인 입장 등으로 분단된 세계에서 따로따로 살고 있는 우리 사회는 상호 부조하는 유토피아가 아니며 획일화할 수도 없다.

사회와 연관해 건축을 생각할 경우 일단 '사회가 건축을 규정하는가', 아니면 '건축이 사회를 규정하는가' 하는 두 가지를 질문할 수 있다. 사회가 건축을 규정한다면 건축은 사회의 부산물이다. 그런데 생각해보라. 모든 사회 활동은 건축이나 도시라는 물리적 환경 안에서 전개된다. 사회 활동과 물리적 환경은 동전의 양면이다.

그렇다면 인간의 사회 활동을 연구하는 사회학은 사회가 무엇을 요구하는지를 규명하되, 이와 쌍을 이루는 건축이나 도시가 어떠해야 하는지도 보여줘야 한다. 최근에 인문지리학이나 사회학이 사회 활동의 지역적·공간적 조건에 주목하고 있긴 하나, 이제까지 사회학은 사회 활동에만 주목하고 그 활동과 물리적 환경의 관계를 거의 다루지 않았다. 그런데도 건축학에서 사회가 먼저고 건축은 이에 따라 생산된다고 규정하는 것은 이상한 일이다.

사회학이 이미 존재하는 건축이나 도시에서 이뤄지는 사회 활동을 조사하고 잠재하는 문제를 드러내며 이에 근거해 건축 프로그램을 제시한다 하더라도, 추출된 문제들은 당연히 기존의 물리적 환경 조건에서 나온 것이다. 그렇다면 그 요구로는 새로운 물리적 환경을 제안할 수 없는 것이 아니겠는가? 이 점에서 건축은 사회를 새롭게 규정하는 방식을 제안하는 역할을 해야 한다.

건축은 사회적 요구를 충실하게 반영해야 한다고 믿는 이들은 그 이유로 파르테논 같은 초월적 예술이라는 특별한 경우를 제외하면 거의 모든 건축이 대중의 보편적이고 현실적인 삶을 위해 봉사해야 한다고 말한다. 이는 건축가가 사회의 일부가 되지 못하고 유리되어서는 안 된다는 자성에서 나온 것이기도 하고, 사회 안으로 들어가 능동적으로 건축을 만들어가야 한다는 뜻이기도 하다. 이때 대중은 '모두'를 뜻하는데, 그렇다고 해서 '모두'가 사회 자체인 것은 아니며 '모두'가 요구하는 바만으로 건축물이 세워지는 것도 아니다.

건축물은 대지의 조건, 개개인의 요구에 맞춘 기술, 열린 상업지와 닫힌 주택지의 경계 조건, 누가 그 장소를 유지하는가 하는 책임 소재 등으로 성립된다. 도시의 풍경도 건축물로만 이뤄지지 않는다. 고속도로, 전신주 등 기술적인 산물, 높고 낮은 건물의 배열, 오고가는 사람들의 복장, 식사, 주거 등의 다양한 사물, 매스 미디어 접촉 방식 같은 것도 풍경의 사회성을 결정한다. 따라서 건축은 '모두'의 요구만으로 이뤄지는 게 아니다.

사회 제도가 바뀐다고 이제까지 사용해온 건축물이 금방 바뀌는 것도 아니다. 학교 건축이 그렇다. 학교는 한번 지으면 50년 이상 사용한다. 그 사이 교육 제도가 아무리 바뀌어도 이미 지은 건물이 충분히 대응할 수 없는 것이 건축과 사회의 관계다. 그렇다면 사회도 변하고 건축도 변하므로, 두 영역의 시간 축을 어떻게 계획할지부터 물어야 한다.

오랜 마을을 자연 발생적이라고 설명하곤 한다. 인위적이지 않고 스스로 생겨났다는 것인데, 그 안에 있는 집들이 누군가가 짓지도 않았는데 저절로 생겨났을 리는 없다. 마을의 집을 누가 지었는지 하나하나 따질 수 없을 뿐, 이를 자연 발생이라 하는 것은 옳지 않다. 작자를 알 수는 없지만 그것을 만든 누군가가 있게 마련이다. 집에는 잘 살아보겠다는 욕망이 숨어 있으며, 익명의 작가의 의도가 개입한 공간이 마을이라는 사회에 받아들여진 것이다. 오늘날 우리 사회와 건축의 관계도 다르지 않다.

그런데 건축가는 사회의 일원이면서 한편으로는 전문가로서 그 사회에 새로운 환경을 제안할 의무가 있다. 따라서 건축가라는 직능은 '모두'의 이해관계를 종합하는 위치에 있다. 곧 '건축가'와 '모두'는 결코 대립적일 수 없다. 사회와 건축은 양면적인 관계이기 때문이다. 새로운 사회는 새로운 건축과 함께 제안되어야 한다. 새로운 사회 프로그램은 구체적인 건축으로 제안할 때 비로소 눈에 보이는 형태로 사람들이 공유할 수 있게 된다.

건축이 사회적 산물인 까닭은 공유하는 목적을 위해 관점이 다른 많은 사람이 짓기 때문이다. 루브르 박물관은 부족한 전시 공간과 수장고, 서비스 시설을 확충하면서 중앙 광장 한복판에 유리 피라미드를 세웠다. 계획을 발표한 때부터 파리 시민을 포함해 프랑스인 90퍼센트가 반대했고, 박물관 앞에서 반대 시위가 벌어지기까지 했다. 이들은 자기들이 사는 오랜 도시에 새로운 디자인이 과연 걸맞은지 논쟁한 것이다. 이 논쟁은 건축이 사회의 공유 재산이고 도시의 얼굴이라는 그들의 인식과 가치관을 분명하게 보여주었다.

건축물을 짓기로 결심한 사람, 곧 건축주, 그리고 그 건축물을 짓는 방식과 생각을 대신 결정해주는 건축가, 실제로 기술을 동원해 물체를 실현하는 시공자, 그 건축물에 들어가 살거나 이용하는 이용자, 아니면 그 옆을 늘 지나다니며 생활 공간으로 공유하는 사람, 그 건축물을 유지하는 사람, 또는 시간이 많이 지나 보존하고자 애쓰는 사람, 심지어는 수명 다한 건축물을 철거하는 사람, 이 모두가 건축하는 사람들이다. 설계나 시공만이 건축이 아니다. 건축 전문가만 건축하는 사람이 아니다. 아돌프 로스의 말대로 '예술 작품은 아무도 책임지지 않지만, 집은 모두를 책임지'기 때문이다.[3]

따라서 건축을 바라보는 입장이 제각기 다르고, 상황과 가치관에 따라 결과는 천차만별이다. 목적이 같은 건축물도 짓는 방법은 여러 가지여서, 건축이라는 영역에는 다른 공학처럼 기술과 기량 앞에 줄을 서지 않아도 지을 방법이 많다. 첨단 건물도 있지만 이른바 '집장수'가 짓는 집도 있고, 건축을 재산 증식의 수단으로만 보고 싸게 지으려는 사람도 많다. 잡지로도 집에 관한 좋은 정보를 쉽게 얻을 수 있다. 그래서 건축에는 잘하는 사람, 못하는 사람이 서로 엉켜 있다. 결국 문제는 건축주가, 나아가서는 사회가 건축에 대해 어떤 생각을 가지고 있는가다. 이런 의미에서 건축이 사회적 산물이라는 말에는 큰 함정이 있다.

건축은 건축주로부터 시작한다. 사회는 저 멀리 넓은 세상까지 퍼지지만 건축에서는 건축주가 사회의 시작점이다. 건축에 대한 인식도 건축주에게서 비롯된다. 건축주는 건물주가 아니다. 건축주는 집을 새로 짓는 사람이고, 건물주는 그 건물을 소유한 사람이다. 건축 행위를 이끌어가는 실질적인 주체는 건축주다. 개인일 수도 있고 공공 기관이나 회사일 때도 있다. 집을 짓겠다고 결정하고 구상하고 꿈을 꾼 사람이 건축주이며, 건축이 사회적 산물로서 품어야 할 책임 역시 건축주에게서 시작한다.

근대 이전에는 절대 군주가 지었을지라도 새 건축물은 '모두의 마음에 들었다.' 그러나 근대 이후 건축은 건축주와 건축가라는 두 개인의 관계가 되었다.

그 시대의 인간들은 그 시대의 건축과 하나였다. 새로 탄생한 집은 모두의 마음에 들었다. 오늘날 대부분의 집은 단지 두 사람의 마음에만 든다. 건축주와 건축가.[4]

건축은 사회적 산물, 건축의 뛰어난 목적은 공유라는 말에는 대체로 수긍한다. 그러나 이를 건축주로 바꿔 말하는 순간 이 말의 의미는 크게 힘을 잃는다. 건축주는 공사를 발주하고 설계자, 감리자, 시공자와 협력해 건물을 만들어 사용하는 이다. 법적으로 건축주는 건축허가신청서에서는 허가 신청인이고, 사용검사필증을 교부받아 등기할 때는 소유 명의인이며, 등기한 다음에야 비로소 소유자가 된다. 건축주는 설계사나 시공사를 정해 원하는 것을 시키는 '갑'이 아니다.

이런 건축주와 건축가의 갑을 관계만으로는 이익을 위해서라면 어떤 건축이어도 상관없어지고, 설계의 이념보다는 금전 가치가 더 중요해진다. 기업은 건축물을 브랜드 표현 도구로만 여기기 쉽다. 이때 건축가는 건축주의 크고 작은 욕망을 실현하며 재산 형성에 좋은 부동산을 설계한다. 그런데도 건축하는 사람들은 '건축은 부동산'이라는 말을 은근히 꺼린다. 이를 확대하면 사회적 산물이라던 건축은 자본주의 사회의 산물이 되고, 건축주는 권력자가 되어 자칫 그릇된 생각과 욕망의 산물이 되기도 한다는 문제가 생긴다.

이름난 건축가가 설계한 유명 주택에 비가 샜다고 하면 모두 재미있다 한다. 그 집 건축주가 아니라 제3자인 만큼 쉽게 비웃을 수 있기 때문이다. 거장 프랭크 로이드 라이트Frank Lloyd Wright의 주택은 종종 비가 샜다. 라이트는 사촌의 집을 지어주었는데 하필이면 신축 축하 파티장에 빗물이 떨어졌다. 사촌은 라이트에게 전화를 걸었다.

"프랭크! 식탁 위의 스프에 빗물이 떨어져! 모두 스프를 못 먹고 있어요!"

라이트는 아무렇지도 않은 듯 이렇게 답했다고 한다.

"식탁을 옆으로 좀 옮겨요."

대답은 여러 가지로 전한다.

"의자를 움직이면 되지."

"비가 새지 않는 방으로 자리를 옮기지 그래."

이 에피소드는 라이트의 오만함을 탓하는 게 아니다. 비가 올 때마다 빗물이 스프에 떨어져 그때마다 라이트가 의

자나 방을 옮기라고 한 것은 아니었고, 시공 하자는 이후 해결되었다. 중요한 건 건축주가 어떻게 받아들였는가다.

"이렇게 지내기 어려운 구석이 있기는 해도, 모두가 즐거운 우리 집이었다."

건축주 가족은 그 집만이 주는 가치를 높게 보았다. 이것은 어느 주택의 건축주에게서 시작하는 가족이라는 사회 이야기다.

파리 퐁피두 센터는 현대 미술의 메카이자 파리 문화 예술의 수준을 상징하는 곳이다. 그러나 1977년 완공될 때는 배수관, 가스관, 통풍구 등이 파격적으로 노출된 건축이라며 심한 비난을 받았다. 그러나 파리 시내를 내다보면서 에스컬레이터로 몇 개 층을 올라가는 이 미술관은 시간이 지나면서 파리지앵이 가장 사랑하는 건축물으로 자리 잡았다. 21세기형 미술관의 기능과 역할을 감지한 건축가 렌조 피아노^{Renzo Piano}와 리처드 로저스^{Richard Rogers}의 혜안을 이해하기 시작해 이제는 미술 애호가들이 가장 선호하는 미술관이 된 것이다. 새로운 건축의 제안이 사회에 자리 잡는 데 그만큼 시간이 걸렸다는 말이다. 공공 건축물을 바라보는 시민이라는 건축주와 라이트의 주택 건축주는 다르지 않다.

요구와 욕망의 그릇

요구의 그릇

건축주는 집을 어떻게 짓는 것이 좋을지 어느 정도 생각을 굳히면 이 요구를 잘 받아줄 건축가를 찾는다. 건축가는 건축주의 결심 이후에 등장하게 된다. 그러나 건축가는 건축주와 만나는 첫날 "당신 삶은 무엇이요?"라고 묻지 않는다. 왜 집을 지으려 하는지, 어떤 방이 필요하냐는 말로 먼저 묻기 시작한다. 건축주는 요구하고 건축가는 그에 맞춰 설계한다. 시공자는 그렇게 결정된 설계도에 따라 집을 짓는다. 건축주의 요구는 건축가를 만나기 이전에 시작돼 집이 완성될 때까지 계속된다. 그래서 건축주의 요구는 결코 단순할 수 없다. 집을 짓는 것은 정답 없는 해답을 찾아가는 것이라, 건축가도 그리고 또 그린다.

건축주의 요구에는 거기 맞는 공간이 들어 있다. 동문인 세 가족이 경사진 땅에서 같이 살되 독립적으로 분리한다는 것은 설계 이전에 주어진 조건이고, 미술관의 두 작품을 한 방에 동시에 전시한다는 것도 설계 이전에 주어지는 조건이다. 건축주도 이 조건을 내밀 때까지 무엇이든 공간을 그리고 있었을 것이므로, 요구 조건에는 반드시 공간 배열 방식이 잠재한다. 그럼에도 건축주가 바라는 요구와 건축가가 생각하는 건축의 모습에는 반드시 차이가 있다.

건축물은 주문 생산물이다. 어떤 건축가에 의뢰하든 모든 집은 어디에도 없는 일품一品 생산물이다. 공산품은 주문받은 상품을 납품한 뒤 같은 상품을 반복해서 팔고, 주문처가 쌓이면 회사의 이익이 늘어난다. 그러나 몇 번이고 자기 집을 짓는 건축주는 거의 없으므로, 건축가가 건축주 한 사람에게서 수주할 수 있는 일은 거의 하나 정도다. 그렇기 때문에 건축가는 계속 새로운 건축주를 만나지 않으면 안 된다.

똑같은 것을 만들고자 해도 땅이 다르고, 요구도 다르며 사용하는 동안 변화도 일어난다. 따라서 건축에서는 요구를 유형화할 수도 없거니와, 유형화하는 것 자체도 의미가 없다. 주택의 요구는 변한다. 부엌을 음식 만드는 곳으로 보면 효율만 생각하게 되지만, 음식을 만들면서 시간을 보내는 공간으로 본다면 기대하는 바가 달라질 수밖에 없다. 건축에 대한 요구는 반드시 맥락과 함께 봐야 분명해진다. 물론 이런 맥락은 사용하는 사람이 만들지만 건축주, 나아가서 사용자는 좀 더 구체화하지 못하고 고정 관념에 머물 경우가 많다.

주택이나 회사 사옥을 지을 때는 건축주가 분명하지만, 공공 청사에서 주민 참여 과정을 중시하는 경우라면 최종 사용자는 행정 관청의 장이 아니라 시민이다. 진정한 의미의 건축주가 달라진다. 그럼에도 행정 담당자가 최종 사용자를 대신하면 건축주와 건축가는 최종 사용자 상像을 공유하지 못하게 된다. 학교 건물도 마찬가지다. 건축주는 교실 등 각 실의 배열 방식을 건축가에게 요구할 수 있으나, 이때도 교실을 사용하는 학생은 아직 나타나지 않는다. 또 학교의 이념이나 지역 학생 수의 변이 같은 것은 건축주가 정할 일이다.

그런데도 근대 건축가들은 '기능'이라는 개념으로 건

축주의 요구를 계량하고 유형화하려 했다. 인간의 활동이란 추상적인 기능으로 바꿀 수 없는 것인데도, 기능의 요소들을 잘 조합하면 새로운 사회에 적합한 건축물이 생긴다고 생각했다. 건물의 목적을 효율적이고 합리적으로 파악한다는 것은 일견 성실한 태도를 강조하는 듯하지만, 실상은 사용자들이 바라는 바를 단순하게 추상화해버리는 큰 오류를 담고 있다.

건축 설계가 자동차 운전석 설계와 같을 수는 없다. 운전석은 오랜 시간 같은 자세로 있어도 피로하지 않고 안전하게 운전할 수 있어야 한다. 이런 요구는 변함이 없으며 또 복잡하지도 않다. 운전자가 구속받는다고 여기지도 않는다. 운전석에 대한 요구가 달라지거나 구속받지 않기 때문이다. 이런 요구를 만족시키는 학문은 인간 공학ergonomics이다.

그런데 문제는 사용자들의 요구를 단순하게 추상화해버리는 태도가 오늘날에도 바뀌지 않는다는 데 있다. 이러한 좁은 의미의 합리성, 다시 말해 품질은 묻지 않고 쌀수록 좋다는 효율성에 입각한 요구일수록 새로운 공간을 담아내지 못한다. 그래서 설계는 아주 단순하게 요구를 실현해주는 도구라고만 여긴다. 기계가 유용해야 하듯이 건축물도 건축주, 사용자의 요구를 충실하게 반영해야 한다는 말도 많이 한다. 이 역시 건축을 사회의 의도와 제도를 수렴하는 하위 도구로 여기기 때문이다.

주택을 구매하는 사람을 소비자라 부르면서 공급자가 소비 의욕만 자극하는 상품만 만들어낸다면 정작 생활하는 이들의 진정한 요구는 생략되고 만다. 학교 건축은 학생들에게 좋은 그릇이라야 한다고 해도, 정작 학교 건축의 건축주는 교장도, 교사도, 학생도 아니다. 사정이 이러한데 교육청이 '설계 용역 표준 과업 지시서'로 학생들의 행위를 기능 면으로만 잘게 쪼개고, '사용자 행위 활동에 맞는 공간 계획'의 여러 항목에 맞춰 이것을 조합하라고 요구한다면, 중간 단계에서 진정한 요구가 증발하는 상품화 주택과 다를 게 없다.

욕망의 그릇

욕구가 곧 요구는 아니다. 목마를 때 물을 찾는 것은 생리적인 욕구다. '이 케이크를 달라'는 것은 기능적 필요에 따른 요구need지만, '이 케이크를 먹고 싶다'는 것은 욕구want

다. 배고플 때 밥을 먹는다고 욕구가 사라지는 것이 아니다. 배가 고픈데도 '나의 품격에는 소고기가 맞지'라고 생각한다면 이것은 욕망desire이다. 보통 욕망이라고 하면 '부족을 느껴 무엇을 가지거나 누리고자 탐하는 마음'이라며 썩 긍정적으로 받아들이지 않지만, 욕망에는 욕구보다 중요한 판단이 들어 있다.

건축주가 '처마를 길게 하고 그 아래서 먼 산을 바라보게 해달라'고 요구할 수도 있고, '어머니와 함께 살 농가 주택을 지어달라'고 할 수도 있다. 그 안에는 의식적으로 갖고자 하는 바람이 있다. 이는 '이 케익을 먹고 싶다'는 욕구와는 다르다. '처마를 길게 해달라'는 것은 그 아래 앉아 있을 나의 마음을 넓게 헤아려달라는 욕망이다. '어머니와 함께 살 농가 주택'은 집이 없어 집을 짓는다는 요구를 넘어선 욕망이다.

자크 라캉Jacques Lacan은 '사람은 타자의 욕망을 욕망한다'는 말을 남겼다. 다른 사람이 좋아하는 것을 좋아하고, 다른 사람이 가진 것을 갖고 싶어 한다. 욕망이 대상을 찾는 것이 아니다. 다른 사람이 욕망하는 것이 나의 욕망이 된다. 그래서 욕망과 그 대상은 의식적이고 사회적인 관계다. 건축을 사회적 산물이라 한다면, 그중에서 큰 비중을 차지하는 것이 욕망이다.

건축은 욕망의 그릇이다. 소유하고 싶고, 쓰고 싶고, 갖고 싶은 그릇이 건축이다. 부탄은 가난하지만 가장 행복한 나라인 반면, 핀란드는 부유한 동시에 세계 행복 지수 1위라고 한다. 그러나 건축은 마음 수련 도구가 아니다. 건축에 대한 욕망에는 소유욕만 있는 게 아니다. 살고 싶고, 머물고 싶고, 보고 싶고, 사용하고 싶은 수많은 욕망을 담는 그릇이 건축이다. 건축에 대한 욕망은 범위가 넓다. 그런데도 우리나라에서는 집에 대한 욕망을 갖지 말자고 많이들 말한다.

아파트에 대한 욕망은 아주 복잡하다. 아파트를 설계할 때는 땅과 각종 법규에 따른 각종 조건을 충분히 고려해 사업성을 올리려 한다. 수익성 없이 아파트를 짓겠다는 시행사는 없다. 그러나 정작 거주자는 눈앞에 나타나지 않는다. 살다가도 매매하는 상품이니 거주자가 정해질 리 없다. 우리나라에서 아파트를 논할 때는 용어부터 사뭇 다르다. 주택 구매, 매물, 투자 대상, 거주 대상, 매매가, 실수요자, 다주택자 등이 등장한다. 여기에는 저소득층,

고소득층, 부부, 세대, 청년층, 고령층 등 복잡한 사회 계층이 얽혀 있다. 또 수많은 세대 수가 가져다주는 익명성, 공간 배치의 획일성과 배타성 등이 겹친다. 그래서 '돈과 삶 사이, 아파트의 욕망'이라는 글도 있다. 이런 곳은 '농가 주택을 지어 어머니와 함께 살겠다'는 욕망을 충족하지 못한다.

욕망은 개인의 욕심에 머물지 않는다. 훨씬 복잡하다. 질 들뢰즈Gilles Deleuze와 펠릭스 가타리Felix Guattari는 욕망이란 끊임없이 증식하면서 사방팔방으로 확장되는 분자와 같다고 표현한다. 욕망은 심리학적인 해석을 넘어 존재론적이다. 그들은 욕망의 운동이 인간 사회의 현실을 지탱하는 힘이라고 보았다. 욕망은 증식하고 번지는 힘이며 세계를 움직이는 동력이다. 그들은 욕망으로 움직이는 세계나 사람을 '욕망 기계machine desirante'라고 불렀다.

팔은 잡고, 입은 말하고 먹으며, 눈은 보고, 위는 음식을 소화한다. 이렇게 신체를 위, 폐, 장처럼 별개로 기능하는 기관의 유기적 조직이라 보는 것이 근대적 사고이며, 기능주의 건축은 여기에서 비롯했다. 그러나 들뢰즈와 가타리는 사람의 입이 먹는 동시에 움직인다는 데 주목했다.

눈은 단순히 보지 않고 주시한다. 이렇게 연속적인 운동을 두 사람은 '절단-채취', '소비-생산'을 이어가는 욕망에서 비롯한다고 설명했다.

갓난아이의 입은 엄마의 젖과 이어진다. 입은 위로 이어지고 위는 장으로, 장은 항문으로 이어진다. 엄마의 유방은 젖을 만들고, 아이의 입은 그 젖의 흐름을 절단-채취한다. 입이 만들어낸 흐름은 위가 절단-채취한다. 이처럼 욕망하는 기계들은 늘 접속하는 형태를 취한다. 갓난아이가 엄마 젖을 빠는 것은 단순한 소비가 아니다. 소비를 포함한 생산이다. 욕망은 실재적 대상의 결여, 결여한 뭔가를 메우려는 충동이 아니다. 욕망은 흐름이라는 실재를 생산한다.

그렇다면 '건축은 욕망을 담는 그릇'이라는 말을 어떻게 이해해야 할까? 우선 욕망에서 비롯된 행위가 끊이지 않는다. 사람은 밥을 먹으면서 옆 사람에게 말도 걸고 저쪽에 있는 음식을 담기도 한다. 접시며 의자는 복잡하게 흐트러진다. 식탁에 모인 사람들의 행동이 마구 겹치며 얽히는 것은 욕망의 절단-채취가 복잡하게 겹쳐 나타나기 때문이다. 사람의 생활도 이와 똑같다. 그런데도 "이 방은 강의실이니 오로지 강의만 하세요"라든가, "이 방은 식당이니 다른 것은 하지 말고 식사만 하세요"라는 식으로 기능만으로 행위와 공간을 규정하는 경우가 얼마나 많은가?

경계와 외부의 욕망

아이들은 쉽게 한눈을 팔고 금방 산만해지며 계속해서 움직이는 유목민이다. 그러나 자라면서 교육을 받고 정주형으로 변해간다. 이렇게 보면 정주定住, settlement와 유목遊牧, nomadism은 대립항이 아니다. 거주는 어떤 장소에 귀속해 그 공간을 소유하거나 공유하며 살아가는 것을 말한다. 이렇게 살아가는 것이 정주다.

정주 사회는 가족, 재산, 권력 등을 지속하려고, 또 전해 내려온 관습을 축적하려고 경계를 둘러 통합한다. 한 점에 수렴하려는 편집증paranoia과 같은 욕망이다. 그런가 하면 인간은 한곳에 머물지 못하고 경계를 넘어 분산한다. 외부를 갈망하고 교통하며 영역을 확장하고 싶어 한다. 미래를 향해 계속 이동하고 미분하며 변화를 일으킨다. 사방으로 도주하는 일종의 분열증schizophrenia 같은 욕망이다. 욕망으로 건축을 구분하자면 경계를 둘러 정주하려는 건축과, 경계를 넘어 계속 움직이는 유목 건축이 있다.

'住'에서 '主'는 등잔불을 그린 것이다. 위에 찍은 점은 불꽃, 그 아래 가로선은 기름 그릇, 다시 그 밑에 자리한 '土'는 그릇에 얹은 대를 나타낸다. 고대 중국에서는 일족의 만사를 관장하는 중심인물을 신성한 불로 여겼다. 이런 '主'에 '人'이 붙어 그곳에서 산다는 뜻의 '住'가 되었다. 한편 중심인물이 살고자 기둥으로 집을 짓는 것은 '柱기둥'가 되었다. 기둥으로 집을 짓고 경계를 두르는 것이 곧 터를 잡고 사는 '住'다.

정주는 집을 중심으로 영역을 확대한다. 정주는 적분이다. 정주는 어딘가로 나갔다가도 되돌아오는 거점이다. 정주는 한곳에 쌓고 합치고 외부를 제 것으로 흡수한다. 정주는 동일성identity 위에 성립하는 사회다. 건축은 정주 사회의 동일성을 확인하는 강력한 수단이다. 정주 사회는 타인과의 결속에 기대 사는 공동체를 지향하고, 이를 유지하기 위해 질서와 제도를 도입하고, 건축은 그 제도를 공간으로 구체화한다.

건축에서는 주변보다 우월해 보이도록 돌로 탑을 세우

든가, 벽이나 담으로 구역을 한정해 안팎을 나누는 경계를 만든다. 경계 안쪽은 귀속감을 주는 안정된 피난처이자 정박지이고, 바깥은 카오스로 인식한다. 건물은 사람과 사물을 내부에 머물게 한다. 루이스 칸Louis Kahn이 '건물은 사물을 정박시키는 것'이라 한 것도 이런 이유였다.

경계에 대한 욕망은 조그마한 집에 그치지 않는다. 이것은 오늘날의 도시에 그대로 적용되어 있다. 건축적 경계의 전형은 벽이지만, 도시에는 강이나 도로같이 선명한 것뿐만 아니라 용도 지역처럼 보이지 않는 제도적 경계도 많다. 특히 근대 도시 계획은 경계 개념으로 계획 수법을 발달시켰다. 이른바 '조닝zoning'이라는 방법인데, 1916년 뉴욕의 부동산 감정국이 처음 시행했다. 용도, 높이, 공지율이라는 세 요인으로 도시에 주거 지역, 상업 지역, 공업 지역 등 경계를 줘 격리하며, 해당 구역마다 건축물을 규제한다. 그리고 경계 안에서는 최대한 이익을 보게 했다. 이런 발상의 바탕은 산업 자본주의였다.

한편 공간에 대한 욕망은 역설적이다. 경계의 구속력이 강하면 강할수록 사람은 경계를 넘어 외부를 점령하고자 욕망한다. 경계란 반드시 벽으로 둘러싸이는 게 아니다. 경계를 통해 교환하고 매개한다. 점령하고 확대하기 위해 기둥으로 공간을 구축한다. 기둥 하나를 땅에 세우는 것만으로도 외부를 획득한다. 집은 기둥 네 개면 짓지만, 기둥을 반복해 구축하면 공간도 그만큼 확장된다. 외부를 점령하며 정주지가 넓어진다.

기둥으로 공간을 확대하는 모습은 고대 이집트 신전에 잘 나타나 있다. 신전 앞에는 기둥을 수없이 세운 거대한 다주실多柱室, hypostyle hall이 있었다. 룩소르의 카르낙 신전 다주실은 긴 쪽이 53미터, 짧은 쪽이 10.2미터나 되는 거대한 공간이다. 채광과 통풍을 위해 중앙의 두 열에는 각별히 지름 3.3미터에 높이 23미터인 기둥 열두 개를 세우고, 다른 곳은 이보다 낮게 17미터짜리 기둥 122개를 세워 모두 134개 기둥으로 거대한 내부 공간을 만들었다. 스페인 코르도바의 메스키타Mezquita에는 붉고 흰 돌로 만든 아치와 열주의 숲이 있다. 본래 기둥은 1,000개에 달했으나, 후에 그 안에 가톨릭 교회가 들어서면서 150개가 없어지고 850개가 남아 숲을 이루고 있다. 기둥을 반복함으로써 외부를 내부로 바꿔 점령해간 오랜 예들이다.

도시의 경계는 급변한다. 옛 도시는 한눈에도 농촌과 분명히 구별되었지만, 지금은 대도시일수록 현실적인 경계나 체험적인 경계가 희미하다. 경계에 있던 철도역도 도시 한가운데 있고, 외곽의 공장 지대가 주택지로 변했다.

근대는 경계를 넘어 새로운 세계를 보고자 한 욕망의 시대였다. 건축에서도 경계를 넘어선 공간을 열심히 만들었다. 170년 전 온통 유리로 뒤덮인 수정궁을 보고 사람들은 이미 내부와 외부의 경계가 사라지는 경험을 했다. 이후 근대 건축은 똑같은 간격으로 배치된 철근 콘크리트와 철골 기둥으로 바닥 평면의 하중을 균등하게 분배하는 시스템을 고안했다. 이런 방식으로 건축물의 균질한 바닥은 점점 넓어지고 수직으로도 높아져 경계를 확장해나갔다. 이렇게 확장하는 바닥은 이익을 높이기 위해 확장하는 자본주의 시장의 바탕이 되었다. 건물의 경계가 약해지고 공간을 계속 확대하면 도시에 있던 외부가 점차 건축의 내부로 바뀌어간다. 이 모든 것이 경계를 지우고 공간을 확장하려는 욕망에서 비롯된 결과다.

오늘날 사람들은 한곳에 정주하지 않고 소나 양이 물과 목초를 찾아 이동하며 살듯이 여러 장소를 옮겨가며 살게 되었다. 집 대신 레스토랑에서 식사하듯이 이제까지 주택의 일부였던 행위가 밖으로 분산되었다. 도시 사람들은 혼자 다니고 혼자 식당을 찾는다. 이렇듯 재산과 지식을 건축물에 축적하던 정주 생활이 점차 이동 경로에 편입되었다. 그 결과 한정된 커뮤니티에 귀속되던 정체성, 지역에 근거한 공동체의 감각은 크게 사라져버렸다.

욕망은 건축의 본질

욕망은 무언가를 하고 싶다는 바람이다. 꿈도 소망도 목표도 모두 욕망이다. 욕망이 지나치면 탐욕이 되므로 여전히 부정적으로 들린다. 그런데 영어로 '욕망desire'의 형용사형인 'desirable'에 '바람직한'이라는 뜻이 있는 것을 보면 욕망이 꼭 부정적인 것만은 아니다. 우리말도 마찬가지다. 욕구欲求는 '구하는求' 것이고 욕망慾望은 '바라는望' 것이다. 영어로 'want(욕구)'의 어원은 '부족한 것을 메우'는 데서 왔다 하고, 'desire'는 '별이 가져올 것을 기다린다(desiderare)'에서 왔다 한다. 따라서 '욕망'은 심리적이고 정신적인 바람이다. '돈을 많이 벌고 싶고, 바다가 보이는 별장을 갖고 싶다 want to earn a lot of money, and I desire for a villa with an ocean view'에서 돈을 벌고 싶은 것은 욕구want지만, 바다가 보이는 별장을 갖고 싶은 것은 욕망^{desire}이다.

루이스 칸은 'desire'라는 단어를 아주 깊이 생각한 유일한 건축가다. 그는 이렇게 말했다.

> 필요^{need}는 지금 매일 일어나는 것이지만, 욕망^{desire}은 필요와는 다른 것이다. 욕망은 필요보다 먼저 나타나 새로운 필요를 낳는다. 욕망은 아직 말해지지 않는 것, 아직 만들어지지 않은 것이지만, 이것이 무언가 다른 것을 불러낸다.[5]

그가 말한 욕망은 들뢰즈와 가타리가 말한 욕망의 '절단-채취'와 다를 바 없다.

'욕망은 필요보다 먼저 나타나 새로운 필요를 낳는다'는 것이 어떤 뜻인가? 그는 또 이렇게도 물었다.

> 베토벤의 교향곡 제5번은 세상이 필요하다고 해서 탄생했을까요? 아니면 베토벤이 필요해서 만들었을까요? 베토벤은 그저 교향곡 제5번을 원하고 바란 것입니다. 그랬더니 이제는 세상이 이 곡을 필요하다고 말합니다. 원하고 바라는 것은 새로운 필요를 낳습니다.

건축도 마찬가지로 바라고 원하는 것에서 시작해야 한다고 본 것이다.

'돈을 많이 벌고 싶은 것'은 지금 있는 돈이 모자라기 때문이다. 교실이 모자라 계산해보니 500평짜리 교사동을 하나 더 지어야겠다, 예산을 보니 면적을 아껴 경제적으로 써야 한다, 그래서 학생들의 활동을 분석해 교실과 복도의 크기를 최적화하고 배치를 효율적으로 했더니 과밀 학급이 줄었다. 이런 것이 '필요' 관점이다.

'바다가 보이는 별장'은 바람일 뿐 아직은 없으므로 이루고 싶은 것이다. 어느 교장이 지금은 불가능하지만 기회가 되면 학생들이 운동장에 나가지 않고도 뛰어놀 수 있게 해주고 싶다고 생각하는 것과 다를 바 없다. 그래서 그런 체육관을 바랐다. 건물에 '플레이그라운드 홀'이라고 이름도 지어보았다. 그러자 '그렇지, 그런 게 교육의 본질이 아닐까' 하는 데 생각이 미쳤다. 몇 년 후 실제로 플레이그라운드 홀을 지었다. 이것은 '욕망' 관점이지 필요해서, 아니면 욕심으로 만든 것이 아니다. 그랬더니 학생들이 시간 날 때마다 그곳에서 한바탕 뛰어야 학교에 온 기분이 난다며, 이 공간이 얼마나 필요한지를 말했다 해보자. 교장이 원하고 바라는 것이 학생들의 새로운 필요를 낳은 것이다.

바라고 원하는 욕망은 본질에 한걸음 다가가 새로운 건축을 만드는 중요한 통로다. 그렇게 만들어진 건축물은 공동체를 기쁘게 한다. 경제협력개발기구^{OECD}와 유네스코^{UNESCO}는 일본 도쿄 다치카와 시立川市의 후지藤 유치원을 유치원부터 대학까지 아우른 전 세계 모든 교육 시설 중에서 가장 좋은 학교로 꼽았다. 이 유치원 건물은 벽을 없앨 수 있고 칸막이도 자유롭게 둘 수 있다. 필요할 때는 한 지붕 아래 커다란 한 공간에서 아이들이 생활하면 좋겠다는 원장의 구상에서 시작된 결과다. 원장은 유치원 건물도, 풀도, 나무도 모두 아이들이 성장하는 데 필요한 도구로 여겼다. 유치원에서 자라는 나무와 더불어 놀고, 지붕과 구석진 곳과 풀에 눈길이 머무는 아이들의 욕망을 건축으로 바꾸고 싶었다. 교육의 본질에 가닿은 욕망이었다.

건축가는 옛 유치원 건물과 그곳에서 아이들을 대하는 원장의 모습에서, 본래 있던 큰 느티나무 세 그루를 남기고 지붕을 만들어 그늘을 주되, 그 지붕에서 빙빙 뛰어놀 수 있도록 도넛 모양으로 유치원을 짓자는 발상을 얻었다. 그 덕에 아이들은 유치원에 오면 먼저 지붕 위로 달려간다. 한 바퀴 도는 데 200미터가 채 안 되는 옥상인 셈이다. 뛰는 것은 아이들의 욕망이다. 아이들은 유치원 지붕을 소비하고, 이들의 욕망은 역동적인 공간을 생산한다. 들뢰즈와 가타리의 말을 빌려보자면 아이들은 끊임없이 증식하면서 사방팔방으로 펼쳐지는 분자와 같다.

그런데 우리나라 교육청의 학교 신축 설계 용역 표준 과업 지시서에는 이렇게 적혀 있다.

기본 방향: 21세기 변화하는 교육 과정에 대비할 수 있는 교육 공간 창출과 미래 지향적 학교 시설로서, 다양한 교수·학습에 탄력적으로 대응할 수 있는 시설 확보와 학교 구성원들이 안전하고 쾌적한 환경을 영위할 수 있는 생활 공간, 지역 사회와 유대감을 가질 수 있는 지역 문화 교류의 거점 공간으로서 역할과 기능을 다할 수 있도록 충실하게 계획·설계되어야 한다.

말인즉슨 다 옳은데, 바로 여기에 새로 지으려는 학교의 고유한 요구는 없다. 여기에 당연한 기능 요구 사항이 이어진다. 특히 '사용자 행위 활동에 맞는 공간 계획'만 보더라도 객관적인 요구뿐이다. 표준 과업 지시서야 그럴 수 있다지만, 놀라운 것은 전국 모든 교육청이 이 과업 지시서를 그대로 내보낸다는 사실이다.

이 지시서는 모든 학교 건축에 똑같은 요구를 하고, 학교 건물에 없으면 안 되는 필요^{need}만 나열한다. 새 건축물에 바라고 원하는 의지가 없다. 이때 의지란 '우리 학교는 미래 교육에 맞게 남달라야 해'라는 발주처의 욕망^{desire}이다. 바꿔 말하면 결국 교육의 철학인 것이다.

정주와 유목의 경계에서

건축은 정주하는 교통

9~14세기 중세에 난립한 이탈리아 도시 국가들은 경쟁적으로 탑을 세웠다. 시에나 근교 해발 334미터 언덕에 지어진 성곽 도시 산지미냐노San Gimignano에는 현재 14개의 탑이 남아 있다. 한때 72개나 되던 탑은 가는 곳마다 즐비했다. 탑이 하도 많아 지금은 이 도시를 중세의 맨해튼이라고 부른다. 당시에는 봉건 질서를 지킨다고 탑 높이를 제한했는데, 산지미냐노에서는 시청사의 탑(54미터)을 넘지 못하게 했고, 일정액 이상 소유 재산을 증명해야 탑을 세울 수 있었다. 54미터로 가장 높은 그로사 탑Torre Grossa은 1300년에 착공해 1311년에 완성했으니 11년이나 걸렸

다.

당시 산지미냐노 인구는 1만 3,000명이었고, 오래전부터 순례의 거점이자 사프란·와인·모직 교역, 대부업으로 부유한 도시였다. 높은 탑을 세운 데는 군사적인 목적도 있었으나, 한편으로는 번성한 도시가 교황파와 황제파로 나뉘어 반목하면서 호족과 귀족에 부유한 상인까지 가세해 제각기 힘을 과시하느라 경쟁적으로 지어댄 결과였다. 나무나 진흙으로 짓던 탑을 점점 더 높이느라 다른 곳에서 돌을 실어오기까지 했다. 탑 대부분은 고층 주택이었다. 1층은 작업장, 2층은 침실, 부엌은 화재를 우려해 가장 높은 곳에 두었다. 벽 두께가 무려 2미터나 돼 방은 아주 작았지만 여름에는 시원하고 겨울에는 따뜻했다. 높은 탑에서는 먼 곳 풍경도 시원하게 즐길 수 있었다.

14세기 초 경제가 기울자 인구가 줄고 도시는 쇠락했다. 탑은 무너지거나 높은 부분을 아예 잘라냈다. 1631년 흑사병을 겪은 후 인구는 3,000명까지 줄었고 산지미냐노는 토스카나에서 제일 가난한 도시가 되고 말았다. 이런 상태는 19세기까지 계속되었다. 그러나 지금은 인구 8,000명으로 수 세기 동안 간직한 중세 분위기 덕에 세계적인 관광

이탈리아 성곽 도시 산지미냐노의 사볼리니 빌라.
ⓒVilla Sabolini

지가 되었다.

산지미냐노의 탑은 성경의 바벨탑(창세기 11, 1-9)을 닮
았다. 일반적으로 바벨탑은 절대자 하느님을 넘보는 인간
의 오만에서 비롯했다고 이해한다. 그러나 그것은 도시
의 정주와 이동 이야기, 건축과 도시에 잠입하는 욕망 이야
기, '교통하는 정주' 이야기다.

바벨탑 이야기는 여기저기서 이주해온 사람들이 '신아

르 지방에서 벌판을 만났다'는 말로 시작한다. 사람들이 모여들어 벌판에 '자리 잡고 살았다.' 사람들이 땅을 공유하면서 정주가 시작되었다. 집이 많이 필요했다. '돌 대신 벽돌', '진흙 대신 역청'이라는 말처럼 발전된 기술로 집을 지었다. 이로써 땅과 건물과 그 안에 사는 사람이 모여 정주 공동체가 형성됐다. 이들은 이 기술로 '성읍을 세우자'며 도시를 만들었다. 거대한 벽으로 닫힌 정주 공간을 만들어냈다. 이야기를 순서대로 다시 보자. 먼저 벽돌이 있다. 이 벽돌로 건축물을 짓고 마을을 만든 다음 그에 맞는 도시가 생겼다.

이들은 도시에 '하늘까지 닿는 탑'을 세우기로 했다. 피터르 브뤼헐Pieter Bruegel의 그림을 보면 바벨탑은 수많은 사람이 함께 거주하는 고층 빌딩이지 기념비 같은 것이 아니었다. 바벨탑을 지은 목적은 강력한 정치력과 경제력으로 도시의 '이름을 드날리고', 주변을 압도할 만한 강력한 공동체가 되도록 '흩어지지 않고' 모여 살기 위함이었다. '한 겨레이고 모두 같은 말을 쓰고'라는 것은 단일 사회·경제 시스템을 가졌다는 뜻이다. 이것으로 주변을 지배할 수 있었다. 이처럼 건축은 공동체를 형성하고 강한 욕망을 형상화하는데, 닫힌 구조로 내향적이 되는 것은 건축의 숙명이다.

결국 이들의 계획은 실패한다. '같은 말'에 기반한 닫힌 도시 공동체는 분열되고 만다. 도시는 '말이 뒤섞여 서로 남의 말을 알아듣지 못하게' 되는데, 이는 불특정한 타자와 함께하는 도시로 변했다는 말이다. 흩어진 이들은 교통 공간을 만들었고, 이 교통은 다시 도시를 만들었다.

프란츠 카프카Franz Kafka가 『도시 문장都市紋章, Das Stadtwappen』에서 바벨탑을 묘사하는 시각이 흥미롭다.

그러자 사람들은 전 작업의 핵심이 하늘까지 닿는 탑을 쌓는 것이라는 논거를 세웠다. 이런 생각 외 다른 것은 다 별로 중요하지 않았다. 일단 생각이 탑의 규모에 사로잡히자 그 생각은 더 이상 사그라질 수가 없었다. 또 인류가 존재하는 한 그 탑을 끝까지 쌓겠다는 강렬한 염원도 생겼다. 그러나 이런 생각 때문에 미래에 대해 걱정할 필요는 없다. 오히려 인류의 지식이 발달한 덕분에 건축술은 진보해왔고, 또 앞으로도 계속 진보할 것이기 때문이다. 우리가 지금 1년 걸리는 작업은 100년 후에는 아마 반년이면 완성될 수 있을 테고, 또 작업의 질은 더욱 훌륭하고 견고해질 것

피터르 브뤼헐, 〈바벨탑〉, 1563년, 나무에 유채, 114×155cm.
ⓒWikimedia Commons

이다. 그러니 뭣 때문에 오늘 힘의 한계치까지 지치도록 일 하겠는가?[6]

이렇게 카프카는 바벨탑을 세우지 않은 이유를 성경 과 달리 말한다. 아무리 열심히 지어도 어차피 살아생 전 다 짓지 못할 것이다, 후세 사람들은 탑이 마음에 안 든 다고 부숴버리고 진보한 기술로 다시 지을 것이다, 그러니 서둘러 건설할 필요가 없다, 그러고는 하늘에 닿는 탑을 세우는 계획이 과연 의미 있는 일인가 물으며 계획을 지연시켰다는 것이다. 전혀 이상한 이야기가 아니다. 고대 문명의 기념비적 건축물들은 허물어지고 쇠퇴하다가 다시 짓기를 되풀이하며 수십 년 때로는 수백 년이 걸려 완성되곤 했기 때문이다.

탑을 짓고자 모인 사람들은 탑을 세우는 준비 작업으로 노동자 숙소를 짓고, 이정표를 세우거나 교통 연결로로 연락망을 짰으며 통역관을 두었다. '노동자 숙소'는 건축물이고, '이정표, 교통 연결로, 통역관'은 교통이다. 또 많은 사람이 몰려와 이 도시에 살고자 했고, '서로 가장 좋은 구역을 차지하려고' 옥신각신 다퉜다. 이렇게 싸우느라 탑을 천천히 짓자고도 하고, '차라리 모두 평화 조약을 맺은 후에나 지어야 한다'고도 했다. 그들은 '이렇게 탑을 세우지 않는 사이에 도시를 아름답게 꾸몄고' 이것이 또 '시기심을 불러일으키고 다시 싸우게 했다.' 여러 세대를 지나도록 '싸움에 대한 욕망을 불러일으켰다.' 이렇게 도시라는 본질은 타자의 사회이고 욕망의 산물이다.

그런 와중에 그들은 아주 밀접해져 도시를 떠날 생각

을 하지 않게 되었다. 타자와 교통으로 성립한 도시는 존재의 근거였던 탑 건축을 계속 미뤘다. 기술 발전과 생산 방식의 변화는 건축물로 정주하게 만들지만, 사회적 교통을 근거하는 도시는 건축물을 짓고 땅에 근거해 사는 정주를 지연시킨다.

그런데도 민담과 민요는 언젠가 바벨탑이 선다는 예언이 이뤄질 날을 고대한다. 무슨 뜻인가? 카프카가 말하는 바벨탑은 '아직 지어지지 않은' 건축이다. 이때 건축은 공동체를 받쳐주는 사회적 형상이고, 도시 사람들이 어우러져 살아가는 근거가 된다. 그러면서도 도시가 언젠가 사라지지 않을까, 가까이 살고 있긴 하지만 정작 본질을 잃는 것은 아닐까 불안해한다. 이럴 때 타자들이 공동체를 이루고 정주하게 만드는 것은 역시 구체적인 건축물을 통해서다. 이 이야기에서 탑은 건축이 지니는 욕망과 권력만이 아니라 공동체의 가치를 상징한다. 건축이 사회에서 갖는 의미는 이 두 가지로 요약된다. 그래서 도시는 '교통하는 정주[7]'이고 불완전한 정주다.

산지미냐노는 정치적 분화와 등등한 경제력으로 '이름을 드날리고' 압도적인 공동체임을 과시하기 위해 높은 탑을 세웠다. 높은 건축으로 '흩어지지 않고' 모여 사는 공동체를 형성하고 강한 욕망을 형상화했다. 카프카의 글처럼 서로 세다고 '서로 가장 좋은 구역을 차지하려 애쓰며' 분쟁을 멈추지 않았다.

교통과 상업이 끊기자 탑은 무너지고 잘렸다. 이들의 계획은 실패했다. 그럼에도 오늘날에 이르러서는 중세 분위기를 잘 보존한 정주 건축물 덕에 관광과 농업 교역이라는 교통과 이동을 다시 불러내고 있다. '우리 입은 왜 움직이며 먹는가' 하는 들뢰즈와 가타리의 질문에서 '먹는다'는 정주고 '움직인다'는 이동이다. 그리고 '움직이며 먹는다'는 정주와 이동이 절단-채취를 반복하는 것을 말한다. 마찬가지로 정주하려는 건축과 이동으로 성립하는 도시는 절단-채취를 반복한다.

하이데거의 제자인 정치철학자 한나 아렌트^{Hannah Arendt}는 '사람들이 살 집이 되는 인간의 공작물이 없다면 인간사는 유목민의 방랑과 똑같이 부초와 같은 공허하고 무익한 것이 될 것'[8]이라고 했다. 얼핏 정주가 유목보다 낫다는 말로 들리지만, 유목민도 집이 있다는 사실을 생각하면 이는 머물 집이 없는 이동은 곧 방랑이 되고 만다는 뜻이다. 정주는 이동을 향하고, 이동은 다시 정주를 향한다. 예나 지금이나 도시는 '교통하는 정주'이고, 건축은 '정주하는 교통'이다.

상업과 교통, 그리고 공간

1,000~1,500년에 이르는 중세 유럽에 자치 도시가 등장했다. 통치자들은 유사시 지방 영주의 군사 원조를 받는 대신 그들에게 땅을 분배했다. 이로써 민중의 생활은 전적으로 땅에 의존하게 되었다. 봉건 제도의 시작이다. 봉건 제도에서는 땅이 주종과 충성, 보호와 지배의 수단이 되었다. 땅에 귀속한다는 것은 봉건적인 지배 관계에 들어가는 것을 뜻했다. 장소 또는 공간은 권력에 귀속했다.

　이런 중세 도시를 두고 '도시의 공기는 인간을 자유롭게 한다'는 말이 생겼다. 중세 도시는 거주 이전의 자유가 보장되며 재산과 물건을 마음대로 사고팔 수 있는 곳이었다. 암흑 시대라는 중세에 도시가 인간을 자유롭게 했다는 것이 이상하게 들릴지 모르지만, 국지적인 무역과 지역 간의 장거리 교역이 부활하면서 도시는 시장과 상품 공급의 중심지를 보호하는 역할을 했다.

10세기 유럽에서는 농촌 사회가 소비를 감당할 수 없을 정도로 인구가 늘고 생산력이 커졌다. 많은 사람이 상인이 되어 봉건령 사이를 오가며 과잉 생산물을 상품으로 유통했다. 이렇게 왕성해진 상업 때문에 11세기 이후 사회는 땅에 귀속되지 않고, 사람과 재화의 흐름이 그 위를 횡단하게 되었다. 이렇게 중세 유럽 도시는 상품과 상인의 흐름이 교차하는 결절 지점, 중계망이 되었다. 이렇게 되자 상인은 선서를 하고 법적 자유와 자치권을 얻어 도시 안에 공동체를 형성했다. 중세 도시는 주변에 방어용 보루를 굳게 쌓고, 그 안에 다시 성벽을 쌓는 보루형 도시가 많았다. 도시 형태는 정주형인데, 그 안에서는 땅에 구속되지 않는 상인들이 공동체를 형성하게 되었다. 이들의 공동체가 곧 '사회society'의 시작이었다.

중세 도시가 어떻게 형성되었는가를 설명하려는 것이 아니다. 인간을 자유롭게 하는 도시가 과연 어디에서 시작하는가를 보자는 것이다. 도시는 시골 촌락과 다르다. 작은 마을은 사람과 재화가 특정한 장소를 차지하는 것으로 만족하지만, 도시는 땅 위에 정주하는 동시에 특정 지역에 귀속하지 않고 사람들과 재화가 횡단, 교차하는 곳이다.

마을 공동체라는 정주 사회에는 특징이 있다. 정주 사회에서는 땅을 기반으로 경제가 돌아간다. 이웃 관계도 땅에 귀속된다. 이들은 땅을 공유하며 친족, 씨족, 일족 연합이라는 사회를 형성한다. 공동 노동을 중시하며, 따라서 이웃과의 관계가 중요하다. 주거는 땅에 부속하고, 매일 반복하는 생활의 장이 환경을 이룬다. 친족과 씨족도 피로 이어진 자연의 관계라는 점에서 일종의 자연환경이다. 그렇지만 마을 공동체는 닫힌 사회다.

그러나 도시는 반反자연적인 사회다. 도시는 마을 공동체와 달리 자연 밖에 성립한다. 경제적 기반은 땅이 아니라 상업, 교역, 매매를 전제로 한 공업이다. 사람과 재화가 횡단하는 도시에는 불특정 다수가 모여 왕래하며 살아간다. 따라서 도시는 불특정한 타자를 늘 향하게 되어 있다. 도시에서 사회 관계는 주민끼리의 관계가 아니라 시장 교환, 화폐 교환 같은 익명 관계에 기초한다. 상품 유통은 공동체와 공동체 사이에서 일어난다. 도시란 탈공동체적인 정주 사회다.

도시란 본래 성벽이나 제도적인 경계로 구획된 시역市域이다. 그러나 그것으로 끝나지 않는다. 그 이상으로 광역적인 교통 중계점이기도 하다. 우리 신체는 땅 위의 특정 장소를 공유해야만 만날 수 있고, 세계를 이루는 물질도 땅 위에 있다. 교통이 신체, 물질, 정보의 이동이긴 하지만, 그렇다고 그것들이 끊임없이 움직이기만 하는 것은 아니다. 물질과 정보도 특정한 장에 집약될 때 다수의 신체, 재화, 정보가 안정되고 효율적으로 꾸준히 이동할 수 있다.

이때 신체, 재화, 정보 교환은 일시적이지만, 지속적으로 교환이 이뤄지게 하는 것은 다름 아닌 건축물이다. 건축물은 도시의 흐름 속에 있는 정주 공간이면서 언제나 열려 있는 교통 공간이다. 사회학자 막스 베버Max Weber가 농촌 사회에서는 땅이 중요하지만 도시에서는 집이 중요하다고 말한 것도 이 때문이다. 이동하고 교환하는 도시이기 때문에 그 중계점에 건축물이 있어야 한다는 뜻이다.

교통 발달로 멀리 사는 사람도 주 5일은 도심부로 출근한다. 도시에서 일하는 사람 중에는 여러 일터를 옮겨 다니는 사람도 많다. 도시 사람이 전부 일터 가까이 살며 교류하지도 않는다. 일하는 곳이 다르기 때문에 정작 한 동네에 사는 사람들과는 교류하지 못하고 지낸다. 여기에 그저 지나가거나 들른 사람까지 감안하면, 도시의 모습은 주민뿐만 아니라 공간을 잠깐 소비하는 다른 지역 사람들이 함께 결정한다고 할 수 있다.[9] 그 과정에서 공동체는 급속도로 사라진다.

도시에 사는 아무개의 하루를 그래프로 그려보자.[10] 아침에 집을 나가 저녁에 돌아올 때까지, 직장에서 일을 하고 동료들과 점심을 먹은 다음 은행에 들렀다가 다시 회사에서 일한다. 그리고 지하철역 문화 센터에서 수업을 듣고 친구를 만나고 집에 돌아온다. 이 사람은 직장과 식당과 역에서 사람들과 만났다. 이런 식으로 여러 동네에서 온 사람 100명, 1,000명의 생활을 기술한다고 하자. 그러면 개개인의 일상 활동과 함께 많은 사람이 모이는 장場이 기술된다.

우리의 일상은 대부분 주택 밖 장소에 의존하며 늘 여러 지점을 이동한다. 그러는 사이 정주와 유목 사이에서 익명으로 주변을 관찰하는 존재가 됐다. 프랑스 인류학자 마크 오제Marc Augé는 이동 지점인 지하철역, 고속도로 휴게소, 공항, 쇼핑 센터, 대형 할인 매장, 슈퍼마켓, 호텔, 환승장, 놀이공원처럼 전 세계 어디나 똑같은 풍경을 만드는 곳들을 '장소 아닌 장소'라는 뜻으로 '비장소非場所, non-place'라 불렀다. 통과가 목적이지 기억을 남기려고 머무는 장소가 아니라는 의미다.

비장소에서는 교통을 매개로 도시의 일상 공간을 광역적으로 이동하는 이들이 떼 지어 움직인다. 집과 직장 사이, 여가를 즐기러 가는 사이에 지하철역, 고속도로, 쇼핑센터, 슈퍼마켓, 호텔, 공항, 길모퉁이, 광장 등 모호한 '중간 공간'을 수없이 드나든다.

이 모든 장소는 이동하는 시간을 장소로 변환하는 빌딩 형태다. 비장소에서는 고독한 자유, 타자, 좁은 공간, 비인격적이고 익명적인 관계가 그대로 나타난다. 농경 사회에 근거해 공동체, 골목길, 동심원적인 도시 모델의 가치를 높이 보는 태도로는 이 건물을 간과하기 쉽지만, 실상 이 장소들이야말로 대도시 일상의 많은 부분을 차지하며 사회를 이끄는 현실적인 자원이다.

교외와 도시 사이

기술은 근대 사회의 원동력이었다. 증기 기관을 실용화하고 산업 혁명을 일으켰다. 대도시에 인구를 집중시켰고, 공간의 질과 양이 크게 변해 도시는 급격하게 비대해졌다.

산업 혁명의 중심 공업 도시의 인구는 19세기 100년 동안 네 배로 늘었다. 도시에 흡수된 노동력으로서 대중이 나타났다. 그리고 이들이 사회적으로나 정치적으로 무시할 수 없는 존재로 부상했다. 20세기에는 기계와 기술 진화로 산업 경제의 틀이 정해졌다. 이를 건축을 기준으로 해석하면 공간은 '도시'로 계속 확장해 외부를 향하고, '주거'는 내부를 향하는 장소로 위축되었다는 뜻이다.

이로써 건축물의 규모도 이전과는 비교가 안 될 정도로 커졌다. 그때까지 없었던 역사驛舍, 공장, 사무소, 전용 주택 등 새로운 건물 유형이 많이 나타났다. 물론 공장이나 사무실이 없었던 것은 아니지만 근대 사회가 되면서 건물은 단일 기능 시설로 새롭게 나타났으며 규모도 상당해졌다. 공장과 사무소 건물이 나타났다는 것은 생산 활동이 생활의 장에서 분리되었다는 뜻이다.

주거도 전용 주택이라는 단일 용도의 건물로 나타났다. 가정에서 상품을 생산하던 이전과 달리 산업 혁명으로 공장에 생산이 집약되면서, 주택은 순수한 생활의 장이 되었다. 공장이라는 전용 시설이 도시에 나타나자 그 주변에는 전용 주거군이 생겼다. 이렇게 한쪽에는 공장, 상업 건물이나 사무소가, 다른 한쪽에는 주택지, 불완전한 주택 집합인 슬럼가가 형성됐다. 산업화와 도시화. 두 힘은 사람들의 생활 방식을 완전히 바꿔놓았다.

공업화와 더불어 사회는 크게 변했다. 먼저 사람이 땅에서 분리되기 시작했다. 급속한 공업화와 도시화로 종래의 수공업자나 농민은 전통적인 생활 기반을 잃었다. 도시로 유입한 사람들은 오랜 공동체적 인간관계나 생활 습관과 끊어졌다. 유럽 대도시에는 에스컬레이터를 갖춘 백화점이 나타나는 등 대중 소비 사회가 싹텄다. 지주·귀족·자본가·은행가·고급 관료·고급 군인과, 가난한 노동자 등 하층 대중의 빈부 격차가 점점 커졌다. 공장이 나타나면서 땅에 귀속된 생활이 공장 주변에 모여 사는 형태로 바뀌었다. 땅에서 해방되어 도시 생활이 자유로워졌다고 할 수도 있고, 땅에서 쫓겨난 이들이 도시 무산자들이 되었다고도 할 수도 있다.

산업 혁명 초기에는 '엔클로저enclosure'가 있었다. 지주가 농장 등을 만들고자 울타리로 땅을 둘러싸 사유지로 만드는 것을 말한다. 공업화는 땅을 근거로 살아가던 사람들을 땅에서 분리시켰다. 그러자 지연地緣 공동체는 급속히 해체되었다. 도시에 모여 살게 된 사람들은 공장과 사무소에서 노동하고, 가족 단위로 소비 생활을 하게 되었다. 직주 분리 곧 '도시'와 '주거'는 이렇게 생겨났다. 도시 기준으로는 생산 지역(공업·상업 지역)과 생활 지구(주거 지역, 녹지)로 분리되었다.

20세기 초 도시와 건축에는 커다란 변화가 일었다. 과거에는 도시 밖에 농촌이 있었지만, 20세기에는 도시 밖에 교외郊外가 나타났다. 도시에서 탈출한 부르주아들이 귀족의 빌라를 흉내 내 근교에 고급 주택지를 형성했다. 19세기 초 영국에서 나타난 것이 교외의 시작이었다. 이때 생긴 고급 주택지는 자연 그대로의 생생한 풍경에 공원과 함께 조성된 전원 마을이었다. 굽은 오솔길을 일부러 만들었으며 넓은 잔디밭과 수목이 집과 집 사이를 완충해주었다. 이렇게 조성된 고급 주택지는 반反도시적이었다. 교외는 그저 도시 바깥에 있는 주거지가 아니었다. 주택을 사유私有하는 20세기가 발명한 새로운 유토피아였다.

본격적인 교외는 도시 사람이던 부르주아들이 도심에 사무소를 두고 철도로 통근하며 경제 활동을 하면서, 도시와 비교적 가까운 곳에 좋은 주거 환경을 찾아 나서면서 늘어났다. 그래서 반도시적인 교외는 도시에 의존함으로써 새로 만들어진 인공 전원이었다. 이런 생활 양식은 이후 미국을 비롯한 수많은 교외 주택지의 모델이 되었다. 도심에 직장을 두고 통근하는 사람들을 위한 곳이었으므로, 이런 교외를 통근 교외commuter suburbs라고 했다.

근교의 이상은 서서히 근대 건축의 핵심으로 작용했다. 근대 건축을 대표하는 르코르뷔지에의 사보아 주택도 교외와 도시 사이에 있는 주택이었다. 널찍한 뜰 한가운데 하얀 주택이 있다. 1층은 필로티로 떠 있고 2층에 본격적인 주거부가 있으며, 경사로를 지나 옥상으로 이어지는 이 주택은 가히 혁명적이었다. 르코르뷔지에는 이 집을 이렇게 설명했다.

고정 관념에 얽매이지 않은 건축주, 곧 현대식도 아니고 그렇다고 구식도 아닌 건축주를 위해 아주 단순하게 지었다. 건축주는 숲으로 둘러싸인 초지에 상당히 좋은 밭을 가지고 있으며, 시골에서 살고 싶어 했다. 이들은 30킬로미터 떨어진 파리를 자동차로 오가고 있었다.

이 주택과 파리라는 도시의 관계를 설명한 셈이다. 번잡한 도시를 벗어나 조용하게 지내면서도 도시와 전용 주택 사이를 자동차로 오가며 일생 생활이 전재되는 전용주택이었다.

'시골에서 살고 싶다'던 사보아 주택의 건축주는 당시 근대인의 꿈을 말한다. 고대 로마 시인 베르길리우스 Vergilius11까지 거슬러 올라가는 꿈이다. 인용문은 계속 된다.

대지는 완만하게 올라간 잔디다. … 주택은 바닥에 떠 있는 상자다. … 과수원을 내려다보는 목초지 한가운데 있다. … 평면은 순수하고, 필요에 맞게 정확하며, 프와시Poissy의 시골 풍경에 걸맞게 놓여 있다. … 거주자들은 이 아름다운 시골에서 '전원 생활'을 찾고자 높은 옥상 정원이나 연속창이 난 네 면을 통해 조망을 맛볼 것이며, 일상생활은 베르길리우스의 꿈속에 자리 잡을 것이다.12

그러나 도시와 근교 사이에 머물고 싶은 욕망은 반드시 기계가 주도하는 공업 사회의 산물만은 아니다. 목초지 한가운데 홀로 선 하얀 입체는 근대인이 그리던 베르길

르코르뷔지에, 사보아 주택, 1931년, 프랑스 파리 근교 푸아시.
ⓒArchitectural Digest India

리우스의 꿈을 실현한 것이다. 자연, 밭, 일상, 조망, 전원의 꿈, 그리고 대량 생산되는 자동차 그리고 이 모든 것을 가능하게 하는 도시, 바로 근대 사회와 관계하며 서 있다.

　미국에서는 시가 전차가 도시와 교외를 잇기 전, 도시의 중심 지구에 가장 유복한 사람들이 살았다. 뉴욕 5번가, 시카고의 골드 코스트, 샌프란시스코 노브 힐 등이 그런 곳이다. 그런데 도심부가 확장되자 여기 살던 부유층이 일찍

이 교외에 눈을 뜨고 이상적인 주거를 찾아 이동했다.

스콧 피츠제럴드Scott Fitzgerald의 소설 『위대한 개츠비The Great Gatsby』의 무대는 1922년 맨해튼과 롱아일랜드다. 거부 개츠비는 롱아일랜드의 가공 토지, 초부유층 주거지인 웨스트 에그 대저택에서 매일 밤 호화 파티를 벌인다. 주말마다 개츠비의 저택에 수백 명이 몰려온다. 은행원인 닉은 롱아일랜드 철도를 타고 맨해튼의 종점 펜실베이니아역에 내려 증권사로 통근한다. 개츠비 같은 벼락부자는 교외 리조트 지구에 사는 것이 당시 유행이었다. 베르길리우스의 오랜 꿈이 미국에서는 이렇게 실현되었다.

주거와 도시

사람은 어디에 있든 돌아와 머물고자 집을 짓지, 떠나려고 짓지는 않는다. 이런 집을 '주택住宅, house'이라 한다. 그러나 생활의 본거지라 하면 집 안만 말하는 게 아니다. 주택을 포함해 더 넓은 장소에서 영위하는 생활을 '주거住居'라 한다. '거주居住, dwelling'는 주택과 주거를 근간으로 한 총체적인 삶을 말한다. 주거보다 훨씬 넓은 인간의 생활 전체에 관한 개념이다.[13]

장소는 '주거'에 관한 모든 성질을 담고 있다. 장소란 머무는 곳이고 땅의 고유성, 내밀함, 신체와 도구에 관한 것이다. 내 집 안에는 내 마음이 머무는 나만의 방이 있고 추억이 깃든 자리가 있다. 창신동처럼 오랫동안 봉제 산업의 집합적인 기억과 애환이 깃들어 있던 길, 골목, 가게 등이 있는 자리가 장소다. 이런 장소가 많아야 좋은 도시가 된다.

그러나 건축에서 '공간'과 '장소'는 상반된 뜻을 나타낸다. '장소'는 저쪽에서 이쪽으로 돌아와 머무는 곳이지만, 이와는 반대로 '공간'은 이쪽에서 저쪽으로 확장하고 떠나는 것이다. 광장이나 시장은 생각과 물건을 교환하는 '장소'이지 '공간'이라 부르지 않는다. '공간'이란 사람이 없어도 얼마든지 존재하는 비어 있는 무엇을 뜻한다. 흔히 잠자는 공간, 식사하는 공간이라 하며 뭐든지 공간이라고 이름 붙여 말하지만, 그곳은 한 곳에서 살고 함께 모여 식사하는 '장소'인 방이지 '공간'이 아니다.

적분하며 정주하려는 욕망은 내향하는 장소를 찾고, 경계를 넘으려는 미분의 욕망은 공간을 찾는다. 장소는 안정을 찾고 공간은 자유를 찾는다. 사람은 장소에 대해서는 애

착을 갖지만 공간에 대해서는 동경을 품는다. 장소는 고유한 가치를 전하고 공간은 개방과 무한에 대한 감각을 준다. 따라서 공간은 장소보다 추상적이다. 처음에는 명확하지 않던 공간이 점차 고유한 가치를 줌으로써 장소가 되어간다.

장소가 '주거'의 모든 성질을 담고 있다면, 공간은 '도시'의 모든 성질을 담고 있다. 공간은 이동하는 것, 유동하는 것, 속도를 가진 것, 공동체를 해체하고자 하는 도시의 본질과 관계한다. 주거가 체류라면, 도시는 속도다. 주거가 땅의 고유성을 찾는다면, 도시는 이동으로 성립한다. 주거가 내밀함을 보장한다면, 도시는 유동한다. 주거가 신체와 도구에 의존한다면, 도시는 공동체를 해체함으로써 성립한다. 주거가 작은 우주cosmology를 꿈꾼다면, 도시는 세계화globalization를 꿈꾼다. 주거는 장소로 수렴하며 내면화하지만, 도시는 공간으로 확대되고 외면화하며 '주거'를 빼앗으려 한다. 그래서 주거와 도시는 척력과 같다.

세계 인구의 절반 이상이 도시에 살고 있다. 현재 세계의 도시 인구 비율은 55퍼센트지만 2050년에는 68퍼센트가 될 것이라고 한다. 약 30년 후면 전 세계 사람 열 명 중 일

곱 명은 도시에 살게 된다. 한국의 도시 인구 비율은 현재 81.5퍼센트 수준이지만 2050년이면 86.2퍼센트로 늘 것으로 추산한다. 국민 열 명의 아홉이 도시에 살게 된다. 1950년에 인구가 1,000만 명이 넘는 메갈로폴리스는 세계에 뉴욕 하나밖에 없었으나 지금은 서울, 도쿄, 파리, 베이징, 멕시코시티 등 서른한 곳이다.[14] 2030년에는 마흔세 곳까지 늘 것으로 예측한다.

모든 영역이 도시가 되고, 인식상으로도 모든 것이 도시가 되었다. 하이데거는 인간을 '세계 내 존재'라고 했는데, 이쯤 되면 스스로 '도시 내 존재'로 인식하지 않을 수 없게 되었다. 도시화란 공간이 물리적으로 확장되는 것이지만, 도시는 미디어 테크놀로지에 의해 가상 확장되기도 한다. 또 도시화에는 도시가 자본에 물들어 계속해서 균질한 공간을 생산하며, 주거를 추방해 장소의 본래 감각을 잃게 한다는 뜻도 있다.

그러나 오늘날의 대도시는 미디어로만으로도 전체가 매개되는 거대 공간이며, 도시 전체를 신체만으로 경험할 수 없다. 그럼에도 대도시라고 해서 모든 부분이 무조건 확장하는 것은 아니다. 대도시 안에도 아무것도 매개하지 않고 오직 신체로만 경험되는 동네, 골목, 마을, 길 등 국지적인 장소가 있다. 이런 국지적 장소가 핫플레이스로 부상하는 것도 신체로만 많은 것을 경험할 수 있기 때문이다. 최근 '슬리퍼를 신고 갈 정도의 거리'를 뜻하는 '슬세권'이라는 말이 생긴 것도 의미가 크다. 이는 거주지 근처인 지역 사회를 중심으로 생활의 거점이 옮겨가고 있음을 뜻한다.

더구나 대도시에서는 모두가 타자다. 그러나 타자라고 하여 모두 외면하고 흩어져서 사는 것만은 아니다. 대도시에서도 농촌의 정주 사회와 똑같지는 않지만, 방식을 달리하여 타자들이 일상적으로 왕래하면서 함께 있고, 함께 이동하면서 광역적으로 공간을 공유할 기회를 점차 많이 요구하고 있다.

건축에 반영된 기계와 장소

20세기 건축은 기계 모델과 중세 모델이라는 두 얼굴을 갖고 있었다. 기계 모델은 기술 진보와 산업 변화로 기능주의, 기하학적인 추상 형태, 합목적성, 공업력 등을 주제로 건축을 만들어냈다. 반대로 중세 모델은 근대 사회의 모순을 극복하기 위해 양식, 수작업, 장소, 자연, 공동체와의 결합을 중시했다. 기계 모델과 중세 모델은 도시 대 반도시로도 연결된다.

그런데 기계 모델과 중세 모델은 건축의 내적인 대립에서 나온 것이 아니다. 노동과 거주라는 외적 대립에서 생겨났다. 기계 모델은 도시와 공간을, 중세 모델은 주거와 장소를 만들었다. 노동은 표정 없는 커다란 상자 같은 도시의 사무소나 공장에서 이뤄진 반면, 주거는 자연 속 근교 주택에서 최소 공동체인 핵가족 단위로 이뤄졌다.

노동의 공간은 대량 생산 기술을 기본으로 해 금속과 유리를 많이 사용하고, 장식을 배제함으로써 냉정하고 추상적인 디자인 경향을 띠게 되었다. 이에 비하면 주택은 노동의 피로를 씻어내고 도시에서 얻지 못한 인간적 행위를 보상받는 피난처 같은 곳이었다. 주거는 나무, 천, 종이, 벽돌 같은 자연 소재를 즐겨 사용하고, 과거의 기억을 중요하게 여기며 상징이나 장식을 통한 인간적인 디자인을 지향했다. 더불어 교외는 자연으로 둘러싸인 이상적인 주택의 꿈을 제공하는 곳이기도 했다.

19세기 시민 계급 사회에서 예술은 귀족만의 것이 아니었다. 이런 모순 속에서 19세기 양식주의는 사회적으로 공유할 만한 것이 못되었다. 이때 '미술 공예 운동'이 나타났다. 예술을 온전히 시민 사회 안에서 파악하고, 수작업 예술로 생활 전체를 다시 만들고자 하는 움직임이었다.

미술 공예 운동은 근대 사회의 도시와 건축 분리, 대량 생산과 대량 소비 시스템 속에서 장식의 질이 크게 떨어지는 근대적인 물건이 생활을 왜곡한다고 생각했다. 공업화를 막으려면 벽지, 의자, 탁자, 식기 같은 사물을 생활에 맞게 잘 디자인해야 한다고 보았다. 지금 우리의 눈에는 부족한 점도, 한계도 금방 드러난다. 결국 그들의 중세주의적 이상은 개인적인 꿈으로 여겨졌고 실패했다. 그러나 바로 이런 이유로 미술 공예 운동은 근대 건축사의 앞자리에 놓였다.

그들은 경제성과 효율만 앞세운 공장식 대량 생산과 공업화가 장소의 경제, 장소의 문화에 밀착한 장인들의 소규모 생산 활동을 없애고 있다고 비판했다. 또 근대 사회의 생산·소비에 대해 작은 집단의 '중세식 수작업 생산=소비'를 모델로 삼았다. 생산과 소비 형식으로 예술과 사회를 바라본 것이다.

정보화 사회에서 오래전에 실패한 미술 공예 운동을 왜 말하는가 반문할 것이다. 요점은 수작업 예술이 아니다. 중요한 것은 기계화 사회를 비판하고, '장소'를 바탕으로 하는 사물을 '생산'으로써 기계화하는 사회를 비판했다는 것이다.

윌리엄 모리스Willam Morris에 깊이 영향을 준 존 러스킨John Ruskin이 가장 중요하게 생각한 것은 '고유 가치'였다. 그는 가치물價値物을 ① 땅, 여기 속하는 공기·물·생물, ② 건축물·가구, ③ 재고 상태인 식물·의료품 등, ④ 서적, ⑤ 예술품으로 분류했다.[15] 앞 두 가지는 장소의 고유 가치다. 그저 먹고 입고 살면 되는 사용 가치가 아니라, 땅과 기능과 문화가 결합된 건축이 고유 가치를 얻어야 한다는 것이다. 러스킨이 말한 '고유 가치'는 '시장 가치marketing value는 물物이 타고난 자연의 객관적 가치worth와 전혀 관계없다'고 한 아렌트의 지적[16]과 일치한다.

러스킨은 장소에서 난 소재를 사용하고 그 장소에 자리한 장인이 손으로 만든 사물이야말로 장소의 힘의 근원이 된다고 보았다. 이전에는 예술품을 산 사람의 관점, 관찰자의 관점에서 바라보았다. 그러나 미술 공예 운동가들은 장소와 함께하는 작업 과정, 만드는 사람과 사용하는 사람의 관계, 일상생활에 친밀한 사물을 추구함으로써 전체성 있는 사회로 개혁해야 한다고 보았다. 장소는 건물이 선 땅의 일부가 아니다. 장소에는 고유한 재료가 있고, 그 장소에서 숙성된 기술이 있으며, 장소와 함께해온 생활이 있다.

건축은 고유한 장소에 서고 그 장소의 소재를 사용하며 그곳 장인의 손으로 탄생한다. 그리고 장소의 힘의 근원이 된다. '노동labor이 아니라 작업work으로 인간의 수명보다 훨씬 오래가는 내구성 있는 물질 세계를 만들어야 한다'[17]는 아렌트의 주장과도 일치한다. 미술 공예 운동도, 모리스도 빼고 생각해보면 오늘날 우리가 근대적 생산 방식을 비판하는 탈공업화, 지속 가능성이라는 과제와 다를 바 없다.

2부

정책 뒤에 숨은

사회를
발견하다

'세계'는 과거에서 미래로 세대를 거듭하며 이어지는 곳, 인간이 태어나 죽을 때까지 일정 기간 머무는 거처인데, 건축이야말로 그 뜻에 정확히 부합한다. 우리는 사람 수명보다 오래 견디는 무수한 건축물에 둘러싸여 산다. 건축 안에서 태어나고 죽는다. 건축과 함께 살고 건축물 안에서 일한다. 또 건축물을 바라보며 사고하고 문화를 향유한다. 건축으로부터 도망갈 수 없다.

사회는 공간적,
공간은 사회적

사회는 공간적이다

핵가족 시대를 거쳐 가족 형태가 다양해졌고, 맞벌이와 자녀 교육, 독신자 증가 등 그에 따른 문제도 커지고 있다. 1983년 일본 영화 〈가족 게임家族ゲーム〉은 가족인데도 마치 혼자인 것처럼 일렬로 앉아 시선조차 나누지 않고 말 없이 식사하는 장면으로 오늘날의 가족 문제를 단적으로 그려냈다. 물론 학교 식당에서도 학생들은 길게 앉아 밥을 먹는다. 그런데 같은 배열인데도 단란해야 할 가족 사회를 이런 공간 형식에 겹쳐 보면 가족의 이상한 불화를 느끼게 한다. 공간 배열은 공동체가 모이는 방식을 투영한다.

주택이라는 최소 공동체도, 학교 공동체도 하나로 묶

일 수 없다. 누구나 함께 있고 싶을 때가 있고 따로 흩어져서 지내고 싶을 때도 있다. 이때 식탁이나 의자에 비하면 움직일 수 없는 건축물은 전혀 자유롭지 못하다. 그렇기 때문에 건축의 공간 배열이 사회에 미치는 영향은 훨씬 지배적이다.

건축에서 공간 뒤에는 반드시 사회가 있고, 사회 뒤에는 반드시 건축 공간이 따르게 되어 있다. 사회가 복잡한 이해관계에 얽혀 있는 만큼 건축도 마찬가지다. 또 사회는 그 자체만으로는 결코 구체적인 삶을 기술할 수 없으므로 반드시 공간, 특히 건축 공간과 연관되지 않을 수 없다.

건축물을 짓는 땅은 주어진 지형에 법적으로 분할된 토지이고, 도로로 에워싸여 있다. 집을 짓는 땅은 사회적인 조건이 만든 땅이다. 집을 짓는 기술적인 조건이나 사용하고 운영하는 관리 조건도 다 다르다. 대지, 기술, 관리 등은 크고 작은 사회적 규범에서 나온 것이다. 이런 땅에 사람이 모이는 공동 주택, 학교, 미술관, 도서관 등 특정한 용도의 건물을 세운다. 장소나 주변의 역사적 배경까지 고려하면 건축물은 좋건 나쁘건 모두 사회 전체가 공유하는 크고 작은 가치를 품게 되어 있다.

건축 공간은 처음부터 사회적이었다. 사람은 비바람을 막고 외부의 적으로부터 몸을 지키기 위해 '숨을 곳 shelter'을 만들었다. 집의 필요 조건이다. 동물도 같은 이유로 피난처를 만든다. 그렇지만 동물의 집과 인간의 집은 다르다. 사람은 가족과 함께 살 집을 짓는다. 동물은 조건이 맞지 않으면 피난처를 옮기지만, 사람은 간단한 오두막이라도 하룻밤 자고서 떠나버리지 않는다. 동물은 구해온 먹이를 먹는 것으로 끝나지만, 사람은 집에 먹을거리와 기물을 함께 둔다. 사람은 먹을 것을 얻기 쉬운 곳을 찾아 집을 짓고 오래 머물며 주변 환경과 함께했다.

경계와 영역은 본래 안에 있는 사람들을 결속시키기 위한 것이어서 배타적이고 폐쇄적이다. 경계는 이쪽과 저쪽, 안과 밖, 나와 남을 구분하며, 경계 안에는 어떤 힘이 지배하는 영역territory이 생긴다. 그렇지만 사람의 집은 아무도 못 들어오게 완전히 닫는 것이 아니라, 가까운 사람에게는 열고 침입자에게는 닫는다. 친할수록 집의 안쪽까지 들어오게 한다. 이런 관계 때문에 안과 밖은 단계적으로 구분된다. 따라서 건축 설계는 공간을 열고 닫으며 사회적 관계를 구성하는 작업이다.

벽으로 에워싸고 지붕을 덮은 집 없이는 가족이 유지될 수 없듯이, 건축물이 없으면 사회를 지탱할 수 없다. 이것이 집을 짓는 충분 조건이다. 집에서는 조리, 재산 축적, 손님맞이, 남녀 구분 등 여러 행위가 지속된다.[1] 집은 이런 행위에 따라 먹고 자는 기능 공간, 가족이나 손님과 함께하는 공유 공간, 관계를 나누고 잇는 분리 공간 등 크게 세 공간으로 나뉜다. 기능 공간, 공유 공간, 분리 공간은 개인의 집에만 있는 것이 아니다. 세 공간은 사회를 짓는 공간으로 확장된다. 또 다른 사람과 모여 살아야 하므로 벽과 담을 치고 지붕을 덮는 것은 건축 기술을 넘어 사회적인 규범이다. 법률이나 제도가 성립하기 훨씬 이전부터 사람은 집을 지음으로써 사회적 규범을 설정했다.

혼자 사용하려고 짓는 건축물은 없다. 세상 모든 건축물은 함께 사용하기 위해 짓는다. 이렇게 생각할 때 건축 공간은 함께 살아가는 사람들의 행위, 사회관계, 사회 질서에 대한 준거이자 틀이다. 「세계건축연맹[UIA]과 건축 교육: 소견과 권고」(2011)에 이런 문장이 있다.

공간은 그 본질에서 사회적이고, 사회는 공간적이다.

이것은 '(사회적) 공간은 (사회적) 생산물이다'[2]라는 앙리 르페브르의 주장을 달리 말한 것이다.

사회 질서는 공간으로 구축된다. 이미 많이 알려진 사실이지만 클로드 레비스트로스^{Claude Lévi-Strauss}는 『슬픈 열대 *Tristes Tropiques* 』에서 브라질 원주민 보로로족 마을의 공간 구조에 사회 구조가 투영되어 있음을 보여주었다. 주민 150명 정도가 살던 케자에는 큰 오두막이 있었고, 원두막 스물여섯 채가 이를 둘러싸고 있었다. 중심에 있는 큰 집 바이테만나제오(남자들의 집)는 사냥이나 고기잡이, 공식적인 의식에 춤추러 나오는 날을 제외하고는 미혼 남자 모두가 한데 머물며 잠도 자는 곳이었다. 여자들은 큰 집을 둘러싼 작은 오두막에 살았으며, '남자들의 집' 출입은 엄격하게 금지됐다. 다만 자유의사에 따라 미래의 남편에게 청혼하러 일생에 단 한 번 '남자들의 집'에 들어갈 수 있었다. 결혼을 하면 남자는 처가에 살았다. 주변을 둘러싼 주택은 동서 축을 기준으로 두 반족^{半族}으로 구분하고, 다시 이 선은 외혼^{外婚}에 따라 여덟 개 씨족을 네 개씩 두 집단으로 나눈다. 남북 축으로 여덟 개 씨족을 넷씩 두 집단으로 나누고 이것을 '높다', '낮다'로 구분해 불렀다. 마을의 공간적인 경계는 이렇게 '중심'과 '주변', '성'과 '속', '남자'와 '여자·어린이', '야생'과 '사회'처럼 사회적인 경계이고, 내부의 여러 영역은 사회적으로 서로 다른 범주에 속하는 공간이었다.

살레시오회 선교사들은 깨달았다. 보로로족을 그리스도교로 개종시키려면 그들의 독특한 환상[環狀] 마을 구조를 포기시키고 중세 유럽처럼 오두막이 평행하게 줄지어 선 다른 마을로 옮겨야 했다.

레비스트로스는 이러한 사회관계는 일반적인 공간과 시간이 아닌 '사회적 공간'과 '사회적 시간'으로 성립한다고 말했다.

공간과 시간은 묶든 따로 떼든 사회관계를 생각할 수 있는 두 개의 참조 체계다. 이 공간과 시간의 차원은 다른 과학에서 사용되는 공간과 시간의 차원과 같지 않다. 그것은 '사회적' 공간과 '사회적' 시간으로 성립한다.[3]

사회적 관계는 사회적 공간을 요구한다. 지역과 시대마다 개인, 가족, 사회 집단은 도시와 건축으로 구체적이고 안정된 공간 질서를 표현했다. 과거 도시는 권력자가 성채를 만들고 땅을 나눠 분배했다. 황제, 왕 그리고 토지 개발업자에 이르는 도시 건설자들은 정치와 권력을 위해 건축 공간을 만들었다. 중세 도시는 걸을 수 있는 크기의 공동체이기도 했다. 그러나 바로크 도시는 전제 군주가 예술적으로 만들고 개조하면서도 시민들의 과밀한 생활 환경에는 아무 관심이 없었다.

19세기 말 이후 파리는 방사상의 기하학적 도로로 중앙 집권을 표현했다. 그러나 같은 시기 런던 교외는 광범한 중간 계층의 집이 인근 지역과 조화하도록 도로를 따라 띠처럼 들어서게 계획했다. 중앙 정부보다 지방 자치의 힘이 더 강한 민주주의 사회에서는 중앙의 힘이 미치지 않는 곳을 합리적인 격자로 균질하게 구획, 확장하고 이곳에 자본을 투자했다. 이로써 역동적이고 거대한 공간이 사회를 지배해갔다. 1800년대에 인구 10만 명이던 뉴욕은 맨해튼 전체를 평탄한 격자 구조로 만들고 마천루까지 가능한 100만 도시로 계획했다. 세계의 많은 거대 도시에서 문화가 다른 사람들이 교류하게 되었고, 이에 장소의 역사적 차이는 빠르게 사라지기 시작했다.

19세기를 주도하던 경공업은 슬럼, 빈곤, 역병, 공해 문제를 일으켰다. 이 시기에 구상된 공업 도시는 경공업을 전제로 한 것이 대부분이다. 이런 경공업과 소규모 농업을 기반으로 하여 제안된 것이 에베네저 하워드^{Ebenezer Howard}의 '전원 도시'다. 산업 자본주의는 경공업 단계에서 시작했고 이에 대응한 도시 형태가 근대 도시였다. 이때 경공업이 남긴 슬럼, 빈곤, 역병, 공해 문제를 해결하는 것이 근대 도시의 목표였다.

따라서 근대 건축이 근대 도시를 만든 것도 아니며, 근대 도시 때문에 근대 사회가 성립된 것이 아니다. 사회가 변화하고 이에 따라 도시가 변화했다. 근대 사회가 시작하고 한 세기가 지난 20세기 초, 도시의 악화를 극복하는 과정에서 근대 건축이 가장 뒤에 나타났다.

1990년대 이후 공간은 IT 혁명으로 국경을 넘어 세계로 확장되었다. 21세기 정치와 경제 키워드는 곧 공간이 되었다. 그렇다고 공간이 계속 확장하기만 하는 것은 아니다. 확장을 거듭하는 듯 보이는 공간에 거대 조직에 얽매이지 않는 작은 집단이 집산하고, 크고 작은 권력·욕망·자본이 얽히고설킨다. 사회가 크게 바뀌어 근대의 방식으로는 문제를 해결할 수 없게 되었다. 근대 사회가 열리고 이에 부응해 근대 건축이 나타났듯이, 이제 현대 사회의 문제를 풀 새로운 건축이 나타날 때다.

공간은 사회적이다

공간의 형식이 공동체의 모습을 만든다. 네모난 탁자에선 가운데나 머리 쪽에 지위 높은 사람이 앉지만, 둥근 탁자에서는 앉은 사람 모두가 동등해진다. 탁자는 공간이고 모여 앉는 사람들은 사회적 관계다. 집에서는 가족 중 누군가가 자리를 비우면 빈자리가 그 사람을 대신한다. 식탁의 짧은 쪽에는 부모가 앉고 긴 쪽에 아이들이 앉으면 비스듬히 보면서 편안하게 이야기할 수 있다. 네덜란드 건축가 헤르만 헤르츠베르허Herman Hertzberger는 '탁자의 사회학'이란 말을 썼다. 이때 탁자는 건축물의 바닥도 되고 광장도 된다.

> 사물을 올려놓거나 둘러앉는 탁자는 기본적으로 광장이며, 둘러앉은 사람들 사이에 일어나는 모든 것을 위해 마련된 지면이다.[4]

창에도 '창의 사회학'이 있다. 인도네시아의 니아스 마을[5]은 줄지어 선 집들이 마당이나 다름없는 길을 사이에 두고 마주 보는데, 사회를 향해 열린 창을 통해 길에서 일어나는 일을 모두 볼 수 있다. 창은 빛과 열을 안으로 들이고 공기도 들어오게 하며 밖을 내다보게 해준다. 창은 빛, 공기, 소리를 오감으로 경험케 하며, 바깥 풍경과 시간의 흐름을 가장 잘 느끼게 하는 곳이다.

창은 안전과 안심을 상징한다. 창가의 블라인드나 발은 나를 보호하는 장치이기도 하다. 그러나 창은 방어적이고 폐쇄적인 시대의 각박함을 나타내고, 인구 감소로 늘어나는 빈집의 창은 퇴락하는 사회를 상징하기도 한다. 창은 그 너머의 것을 넘보는 유혹 또는 쾌락과도 관계가 있다. 초고층 아파트에서 바닥부터 천장까지 유리 한 장으로 막은 통창은 파노라마 조망을 독점하는 창이다. 영화 《기생충》의 박 사장네서는 통창이 계급의 상징이 되고 말았다.

소유주에게 주택의 옥상은 더없이 사적이며 배타적인 공간이고, 텃밭을 가꾸거나 평상을 놓아 삼겹살을 구워 먹는 공동체 공간이며, 물탱크나 에어컨 실외기, 가스통, 장독 등이 올라간 옥외 창고이기도 하다. 우리나라에는 찜질방이라는 독특한 시설도 있다. 대중 목욕탕과 방 문화가 결합되어 1990년대 중반 생겨난 것인데, 대개는 모르는 사람들이 똑같은 옷을 입고 베개를 나눠 쓰고 옆에서 쉬고 자는 임시 커뮤니티 센터 노릇을 한다. 따라서 '옥상의 사회학'[6]도, '찜질방의 사회학'이라는 표현도 가능하다.

노숙인露宿人은 너무 빈곤한 나머지 살 집이 없어 공원, 길거리, 역, 대합실, 도서관 등을 거처 삼고 지내는 사람들이다. '홈리스homeless'란 말은 물리적인 집house이 없다는 것이 아니다. 이는 가족과 함께 사는 작은 사회로서의 집home이 없음을 뜻한다. '집'이란 물리적인 공간만으로 성립하지 않는다. 온전한 삶이란 사회적 관계 위에 안정된 공간이 있을 때 비로소 실현된다.

집은 공간에 경계를 그어 제 장소를 만든 결과물이지만, 사람은 집을 지음으로써 무한한 것을 유한한 것으로 받아들일 줄 알았다. 죽음의 불안을 없애고 거룩한 곳으로 옮겨 가기 위해서는 의례를 치러야 하는데, 의례에는 일정한 시간과 장소가 뒤따른다. 의례용 공간은 그 자체로 사회적이다. 건축 공간은 인간이 활동을 펼치는 곳이어서, 건축사가 스피로 코스토프Spiro Kostof는 인간이 짓는 모든 건축물을 '의례ritual'와 '배경setting'이라는 관점에서 넓게 파악했다.[7] '의례'란 말은 종교적인 색채를 강하게 풍기지만, 실상 공동 주택의 주거 방식도, 학교 건축에서의 교육 활동도, 국회의사당의 의정 활동도 모두 의례다.

사람들이 자유로이 만나기 위해 만든 빈터로 정원garden, 마당court, 광장piazza 등이 있다. 주택에 정원이 있고 주택이 모이면 마당이 생기며, 건물이 더 많이 모인 곳에는 광장이 생긴다. 세 공간은 쓰임새가 다르다. 정원은 채소, 과일, 꽃 등 주로 식물을 키우는 땅이다. 마당은 보통 벽이나 건물이 둘러싸고 지붕이 없으며, 흙바닥이다. 광장은 건물이 둘러싸고 지붕이 없는 공공 공간을 말한다. 루이스 칸은 정원, 마당, 광장을 이렇게 구별했다.

정원은 사람을 초대하는 곳이 아니다. 생활의 표현에 속하는 장소다. 마당은 다르다. 마당은 아이의 장소다. 그 자체로 이미 사람을 초대하는 장소다. 나는 마당을 '외부-내부 공간outside-inside space'이라 부르고 싶다. 어디로 갈지를 선택할 수 있는 장소다. 한편, 광장을 마당처럼 정의하자면 이

는 어른 누구나 머물 수 있는 장소라 하겠다.[8]

　모이는 방식에 따라 사적, 공적인 사회적 관계로 구분하고 있다. 정원은 가족끼리 사용하며 사생활을 드러내는 장소다. 반면 마당은 여러 집이 나눠 쓰는 곳이다. 보기에 따라 사적이기도 하고 공적이기도 하다. 광장은 누구라도 나와 머물 수 있는 곳이다. 그렇다면 사회적 관계에 따라 '정원 공동체', '마당 공동체', '광장 공동체' 등 세 가지 공동체가 생긴다.

　'주택을 갖는 것'과 '사는住 것'은 같지 않다고 많이들 말한다. 그런데 '주택을 갖는 것'은 에워싸인 사적 공간을 소유하는 것이지만, '사는住 것'은 가로, 공원, 역, 버스 정류장, 사무소 건물, 쇼핑센터, 대형 할인 매장, 편의점, 전기·수도·가스 같은 인프라 등 주택을 에워싼 모든 시설을 아우른다. 거점이 되는 집은 사회와 충분히 접속되어야 한다. 이것이 주거다.

공간의 생산, 공간의 실천
건축하는 사람은 공간을 어떻게 만들까에 관심을 기울인

다. 그런데 정작 이들이 설계한 건물은 좁은 도로 옆, 고가 도로 근처, 대면하고 싶지 않은 대형 창고 등 사회와 자본 이 형성한 공간과 함께한다. 이익을 위해서라면 오래된 구 조물도 전혀 새로운 공간으로 갈아엎는 것이 자본이다. 땅 값 비싼 도심이라면 본래 그 땅에 무엇이 있었는지는 묻지 도 않고 대규모 고층 건물로 재개발한다. 자본은 이렇게 공 간을 실천한다.

앙리 르페브르는 『공간의 생산The Production of Space』에서 공 간은 '있는 것'이 아니라 사회적으로 '생산되는 것'이라 고 말했다.

> 예컨대 로마네스크 양식 교회와 주변(마을이나 수도원)에 대 한 '공간의 독해'가, 이른바 고딕 양식 교회(고딕 양식의 교회 가 생겨나는 조건과 전제, 이를테면 도시, 지역 혁명, 협동조합 활 동 등)를 이해한다거나 예상하는 데 전혀 도움이 되지 않 을 수도 있다는 말이다. 이러한 공간은 독해되기 전에 생산 되었다.[9]

'공간을 만든다', '공간을 사유한다', '공간을 구성한다',

'공간을 구축한다'는 식으로 독점적인 공간 전문가를 자처하는 건축가들에게는 '공간을 생산한다'는 말 자체가 이상하게 들릴지 모른다. 그러나 르페브르가 말하는 공간은 건축가나 도시 계획가 또는 수학자나 물리학자가 말하는 것처럼 추상적이며 관념적인 공간이 아니다. 생활하는 사람들이 경험하는 공간, 그만큼 구체적이고 눈앞에 있는 곳, 현실적으로 '생산'되는 공간이다. 철도역, 공항, 지하 공간 등은 잉여 가치를 만들어내기 위해 자본주의가 상품처럼 생산한 공간이다. 자본주의가 요구하는 모든 행위를 잘 담아내려면 공간은 사회적인 여러 관계를 재생산하는 미디어로서 보편적이어야 하고 전유專有할 수 있어야 했다.

그러면 공간을 생산하는 것은 누구일까? 모든 학문이 공간에 관여하는 만큼 건축이라고 해서 다른 분야보다 더 많은 권리를 갖지는 않는다.

건축가, 도시 계획가, 혹은 기획 수립자 들을 공간 전문가, 공간성의 지고한 판관으로 간주한다는 것은 대단한 환상이다.[10]

이런 공간을 생산하는 주체는 건축가나 도시 계획가만이 아니다. 주민, 사용자도 얼마든지 주체가 된다. 그뿐만이 아니다. 공간 그 자체도, 그 안에 있는 나무도, 그 안을 비추는 빛도 또 다른 주체가 되어 공간을 생산할 수 있다.

르페브르는 '공간의 재현representational of space, conceived space', '재현의 공간representational space, lived space', '공간의 실천spatial practice, perceived space'이라는 삼중 개념을 제시한다. 세 가지라 하지 않고 삼중이라고 하는 이유는 이 세 가지가 서로 변증법적으로 맞물리기 때문이다.

'공간의 재현'은 도시 계획가, 기술 관료 등 계획자가 주체가 되어 도면이나 모형으로 공간을 편성해 파악하고 계획한 공간을 말한다. 합리성과 기술력으로 만들어지며 지식과 권력이 연결된다. '재현의 공간'은 주민이나 사용자가 실제로 살고 사용하면서 시간이 흘러 숙성되는 공간이다. 상황 구축이나 축제 또는 혁명처럼 규범화된 공간 재현과 충돌하는 공간의 실천이 이뤄진다. 요약하면 '공간의 재현'은 건축가나 전문가가 만드는 공간이고, '재현의 공간'은 사람들이 사용하면서 얻는 공간이다.

'공간의 실천'이란 어떤 공간이 나타나 유지되는 과정

을 말한다. '공간적 실천'이라고 번역하는 경우도 많다. 그런데 실천 주체가 반드시 사람인 것은 아니다. 따라서 이를 전문가나 사용자가 제 목적에 맞게 '공간적으로 실천하는 것'으로 여기면 안 된다. '공간의 재현'은 계획자가 주체고, '재현의 공간'은 사용자가 주체지만, '공간의 실천'은 사람만이 아니라 공간이나 물질이 주체가 되기도 한다.

'공간의 실천'은 반복적인 동작으로 지각되는 물리적인 공간이다. 조경가가 해변에 그럴듯한 잔디밭을 만들었다고 가정하자(공간의 재현). 그냥 두면 잔디밭인데 공 차는 사람들이 와서 거듭 축구를 한다면(재현의 공간) 잔디밭은 축구장(공간의 실천)이 된다. 강의실이 있다. 아무도 사용하지 않는 강의실은 '공간의 재현'이다. 그런데 교수와 학생이 가르치고 배우는 교실로 쓰면 이곳은 '재현의 공간'이 된다. 이때 강의실이 마치 의지를 가진 주체인 양 특정한 시간에 은은한 빛을 들여 공기의 표정을 바꾼다면, 그것은 '공간의 실천'이다.

하노이의 호안끼엠 호수 옆 리타이또 공원에 들른 어느 이른 아침, 남녀 10여 쌍이 싸이의 〈강남 스타일〉에 맞춰 춤을 추고 있었다. 같은 노래를 이곳저곳에서 따로 틀고 춤을 추는 것이 눈길을 끌었다. 그 시간이 지나면 공원에는 다른 사람들이 나타나 다른 행동을 했을 것이다(재현의 공간). 사람들은 이렇게 공원을 생산하고 있었다. 이 공원은 누군가가 계획한 것이지만(공간의 재현), 이들이 춤을 추는 것은 공원에 돌을 평탄하게 깐 덕이었다(공간의 실천). 우리나라에서는 이런 광경을 보기 어렵다. 평탄하고 넓은 장소가 없고, 함께 춤출 만한 공동체가 없기 때문이다. 이런 공간이 생산되지 못하는 사회다.

파리의 뤽상부르 정원에는 싸고 가벼운 초록색 알루미늄 의자가 많다. 왕의 명령으로 계획된 아름다운 정원(공간의 재현)에 사람들이 자유로이 쓰도록 의자가 놓인 것은 18세기부터다(재현의 공간). 긴 벤치를 없애고 한 사람씩 앉는 가벼운 의자를 둬 저마다 좋아하는 곳으로 가져가 여러 방법으로 사용한다. 혼자만의 시간을 즐기려고 멀리 가져가기도 하고, 두세 사람이 모여 이리저리 배치하기도 한다. 나무 아래, 또는 분수 근처로 가져간 의자는 모두 제각각 사용된다(공간의 실천). 뤽상부르 정원은 의자 배열로 생산되는 공간이다.

자크 헤르초그Jacques Herzog와 피에르 드 뫼롱Pierre de Meuron

프랑스 파리 6구의 뤽상부르 정원.
ⓒWallHere

이 설계한 카이사포럼^{Caixa Forum} 제일 위층 레스토랑은 건축가가 설계하고 시공자가 만들었다(공간의 재현). 이곳에 음식을 먹으러 손님이 드나든다(재현의 공간). 이것이 다가 아니다. 내후성 강판을 부식해 만든 창에는 벌레 먹은 잎처럼 구멍이 많아, 마치 숲속 나뭇잎 사이로 빛이 들어오는 듯한 느낌을 자아낸다. 새어든 빛과 그림자는 바닥에, 탁자에, 그리고 사람들의 몸에 떨어진다. 창과 강판과 구멍과 빛이 공간을 만들어낸다(공간의 실천). 르페브르는 말했다.

어떤 사회의 '공간의 실천'은 그 사회의 공간을 '분비^{分泌}'한다.[11]

거미는 생산하고 분비하며, 공간을 점유하고, 자기 나름의 방식으로 공간을, 즉 거미줄 공간, 제 전략과 필요가 담긴 공간을 만들어낸다. … 공간의 생산, 우선 몸의 생산은 분비를 통한 주거지 생산에 이른다.[12]

매일 아침 공을 차는 동네 사람들이 해변에 만든 축구장은 축구 경기가 없을 때면 아이든 어른이든 모여 다른 뭔가를 배우는 공간으로 변신한다. 마치 몸에서 땀이 분비되거나 때가 나오듯이 공간은 사회의 '분비'로 생산된다. 건물을 만든 사람, 건물을 사용하는 사람 그리고 그 공간을 구성한 물체와 환경까지도 사회적으로 생산되는 것이다. 공간은 극장에서 영화 보듯 바라보는 대상이 아니다. 공간은 제품을 만들어내는 공장과 같다.

공간은 사회의 합의

마사이족은 오래 정든 땅을 떠나 이주하더라도 새 땅에 고향의 언덕과 강의 이름을 가져다 붙였다. 켈트족은 조상이 있는 고향의 이름을 따 가족의 이름을 지었다. 사람은 함께 살고자 건축물을 지어 과거에서 미래로 사회를 옮겨주는 거주 공간을 만든다. 사회는 거주로 유지되고 재생산을 이어간다.

먼저 정주定住, settlement가 있다. 땅이 있고 그 위에 건축물을 세운다. 이곳을 생활의 장으로 삼는 사회를 정주라 한다. 땅과 건축이 있어야 사람이 모여 살고, 모여 살아야 힘을 합쳐 사회를 이룰 수 있다. 도시도 마찬가지다. 토지, 그 위의 건축 공간, 그 공간에 귀속해 공유하는 사람들의 집합이 도시다.

건축은 사회적 합의로 성립한다. 왜 짓는지, 어떻게 쓸지, 함께 들어가 살려면 어떻게 짓는 것이 좋은지, 사회에 어떤 보탬이 되는지, 공사비부터 법적 절차에 이르기까지 건축과 관련된 모든 것이 크고 작은 합의로 이뤄진다. 그림이나 음악은 그렇지 않다. 베토벤이 의뢰자와 합의하면서 작곡을 했다는 것은 상상조차 할 수 없다.

건축가 루이스 칸은 중세 카르카손 성을 그린 스케치에 이렇게 적었다. 도시와 건축, 그리고 사회가 어떻게 형성되는지를 명료하게 말해주는 문장이다.

도시는 단순한 정주에서 시작했다. 그러한 도시는 여러 시설이 모인 장소가 되었다. 시설이 있기 전에 본질적인 합의, 곧 공동성共同性이 있었다.

정주, 도시, 시설, 합의 그리고 공동성commonality, commonness. 이 다섯 가지 개념은 어떤 건축가나 도시 계획가도 말하지 못한 핵심이다.

루이스 칸의 말대로 도시는 정주에서 시작되었다. 도시

는 땅, 건물, 거주자라는 세 요소로 이뤄진다. 또 도시는 주택, 학교, 청사, 시장 같은 '시설이 모인 장소'다. 우리가 살면서 짓고 사용하는 모든 시설은 규범으로 합의한 결과물이다. 그 바탕에는 이렇게 살아야 한다고 생각하는 집합적인 감각, 곧 공동성이 있다. 공동성이 없다면 공동체를 존재하게 하는 건축의 근거도 없다. 칸은 이렇게 말했다.

건축은 하나의 방을 만드는 것에서 시작한다. 평면은 방들의 사회다. 평면은 살고 일하고 배우기에 좋은 장소다.

건축가가 그리는 평면도는 방들의 '사회'고, 그 평면도로 짓는 건축은 사회를 나타낸다. 여기서 '방room'이란 공동성에 바탕을 둔 합의의 장소다. 아주 작을 수도 있고 건물 속 공유 공간일 수도 있으며, 집과 집 사이일 수도 있다. 그가 말하는 '방'이란 구체적인 합의를 불러일으키는 곳, '정주'의 의미를 담은 크고 작은 공간이다.

가로는 합의로 이뤄진 방이다. 공동체의 방이며, 벽은 각각 그것을 제공한 이들의 것이다. 천장은 하늘이다. 집회장은 합의로 이뤄진 장소인데, 가로에서 생긴 것임에 틀림없다.

도시는 따로 떨어진 건물들의 집합이 아니다. 도시는 크고 작은 방이 연속하며 통합된 집합체다.

사회의 합의로 만든 방의 사회. 이를 만드는 건축. 이를 어떻게 해석할까? '建(건)'은 '세운다'는 뜻인데 '聿(율)'과 '廴(인)'을 합친 것이다. 여기서 '聿'은 나뭇가지를 손에 쥐고 글씨를 쓰는 모양, 또는 점토에 글씨를 새겨 넣는 나뭇가지다. 그러니까 '聿'은 공동체를 이루기 위해 서로 약속한 바를 붓으로 적은 것, 곧 합의를 뜻한다. 법을 뜻하는 '律(율)'도 '행해야 하는 것을 붓으로 적었다'는 뜻이다. '廴'은 '길게 걷다', '끌어당긴다'는 뜻이다. 따라서 '建'은 붓을 들어 적은 약속, 곧 합의를 오래도록 끌고 간다는 것이다.

미국 버지니아의 대농장주이자 독립 선언서를 기초하고 나중에 대통령이 된 토머스 제퍼슨Thomas Jefferson은 정치적인 독립만이 아니라 문화적인 독립도 함께 고민한 최초의 지도자였다. 제퍼슨은 진정으로 자유롭고 민주적인 국가는 자립한 개인에 의해 성립하는데, 자립한 개인은 스스로 땅을 경작하고 사색하며 아름다움을 즐기는 사람을 뜻한다고 했다. 이것이 제퍼슨의 토지 균분론이다. 그는 이런 사회를 실현하는 데 무엇보다 중심적인 역할을 하는 것이 건축이라고 보았다. 건축은 미국의 대의를 나타내는 심장이며, 미국 시민 생활의 실현을 구체적으로 보여준다고 믿었다. 제퍼슨에게 건물은 미국이라는 국가를 은유하는 것이었고, 건축 과정은 나라를 짓는 과정과 똑같았다. 지금으로부터 230년 전의 주장이다. 건축은 공동체를 묶는 힘을 지니며, 미래에 직결된다는 변치 않는 사실을 배워야 한다.

한나 아렌트로 읽는
건축 너머의 세계

벽 뒤에는 법과 제도가 있다

한나 아렌트는 『인간의 조건』에서 고대 그리스로 거슬러 올라가 인간의 본성을 논증했다. 이 책에는 건축과 관련된 중요한 기술이 많다. 그리스의 폴리스란 본래 방어를 위해 만든 '둥근 벽'이었으며, 라틴어 'urbs'도 벽으로 둘러싸인 원을 표현한다는 것에 주목했다.

특히 "도시 국가의 법이란 문자 그대로 벽에 관한 것"[13]이라는 문장은 건축과 제도의 관계를 아주 분명하게 설명한다. 오늘날에도 건축 법규가 '건축선', '건축 한계선', '건축 후퇴선' 같은 것으로 벽면 등의 위치를 정하는 것을 보면 벽은 법이고 법은 벽이다. 아렌트는 법을 뜻하는 그리스어 'nomos'가 '배분하다', '소유하다', '배분된 것을 소유하다', '살다^住'를 의미하는 'nemein'에서 나왔다는 것에 주목했다. 집의 벽 뒤에는 법과 제도의 규정이 있다는 뜻이다. 아렌트의 말을 읽으며 행간을 살펴보자.

> 에워싸인 벽만이 정치적이었다. 벽으로 에워싸이지 않으면 공적 영역은 존재할 수 없었듯이, 재산을 에워싸는 담장이 없다면 아주 적은 재산도 있을 수 없었다. 법이 정치 생활을 보호하고 에워쌌듯이, 벽은 가족의 생물학적인 생명 과정을 지키고 보호했다.[14]

벽을 둘러 짓는 집은 재산을 갖고 그 안에 살게 해주지만, 동시에 공적 영역을 만드는 것이기도 하다.

> 법 없이는 단지 가옥이 모인 덩어리에 지나지 않는 마을^{asty}일 수는 있다. 그러나 정치적 공동체인 도시는 있을 수 없었을 것이다. 벽인 법은 신성했다.[15]

'asty'란 고대 그리스에서 정치적 의미 없이 물리적인 도시나 마을 공간을 뜻했다. 도시^{polis}의 정치적 개념과 반대다. 건축과 도시는 그 안에서 움직이는 사람들의 활동과 언설을 포함한다. 아렌트는 이 활동과 언설을 간단히 '법'으로 표현했다. 물리적으로 벽을 두르는 것으로 법이 되지는 않는다. 정치적으로, 제도적으로 벽을 바라보는 법이 함께해야 한다.

아렌트는 '법이 곧 벽' 또는 '벽이 곧 법'이라는 말로 건축이 제도에서 비롯하며, 제도는 건축으로 분명해진다는 뜻을 전달했다. 붓대를 쥐고 약속한 바를 적고 있는 손가락 다섯 개를 그린 '聿'이라는 글자를 '建'과 '律'이 담고 있으니, '建'은 약속한 바(법)를 물질로 세우는 것(벽)이고, '律'은 약속한 바대로 행동하는 것이다.

아렌트가 도시를 설명한 것 중에서 제일 주목할 것이 있다. 사람이 평등해서 고대 그리스 도시 국가를 만든 것이 아니라는 것이다.

평등은 이소노미아^{isonomia}가 보증했다. 그것은 모든 사람이 평등하게 만들어졌기 때문이 아니라, 반대로 사람은 자연에서 평등하지 않았기 때문이다. 그래서 인위적인 법,

곧 법률로 사람들을 평등하게 하는 도시 국가가 필요했다. 평등은 사람들이 사인私人이 아니라 시민市民으로서 만나는 이와 같은 특수한 정치적인 영역에서만 존재했다.[16]

이소노미아isonomia는 법nomos 앞에서 동등하다isos는 뜻이다. 평등은 우리가 흔히 이해하듯이 무릇 인간이기 때문에 추구한 것이 아니다. 오히려 인간은 날 때부터 불평등했기 때문에 법에 의해 시민이 됨으로써 인공적으로 약속한 사항에서 평등이 비롯됐다는 것이다.

그리스 도시 국가의 평등, 곧 이소노미아는 도시 국가의 속성이지 인간의 속성이 아니었다. 인간은 시민이 됨으로써 평등을 받는 것이지, 태어남으로써 받는 게 아니었다. 평등도 자유도 인간의 본성에 고유한 질이라고는 이해될 수 없다. 이 두 가지 모두 자연에서 주어져 자연에서 성장하는 것이 아니었다. 평등도 자유도 법률, 곧 약속한 사항이며 인공적인 것이며, 인간이 노력해서 얻는 산물이고 인공적 세계의 속성이었다.[17]

여기서 인공 세계는 다름 아닌 도시요, 건축이다. 평등과 자유가 먼저고 그것을 건축과 도시에 담는 것이 아니다. 반대로 도시와 건축 공간을 통해 자유와 평등을 알게 된다는 것이다. 법은 문자 그대로 인공적인 벽과 경계에 관한 것이기 때문이다. 폴리스는 사람들이 평등하도록 설계되었다.

고대 그리스 이전에는 주택 외형이나 방의 윤곽이 불규칙했다. 도시를 의도해 계획할 때 가구街區는 사각형이 되고 그 안에 자리한 주택에도 경계가 생겼다. 이런 식의 합리와 질서는 인공적인 도시에서만 나타난다. 도시를 격자로 계획함으로써 사람들은 평등을 알게 되었다.

아리스토텔레스는 이 도시를 계획한 히포다무스 Hippodamus가 장인·농민·병사 등 세 계급의 시민과, 신역神域·공공 영역·사적 영역 등 세 영역으로 이뤄진 인구 1만 명의 이상 도시를 계획했다고 전했다. 아리스토텔레스는『정치학 Politics』제2편에서 히포다무스가 정치 철학자, 계획가였으며 도시 인구와 토지 분할 이론으로 제시하며 시민권과 관련된 제도와 계획을 최초로 정립한 인물임을 암시했다. 도시 국가의 많은 제도가 공간으로 실현된다는 것이다.

도시의 땅을 분할하고 각종 건축물을 규정한 것은 그리스가 처음이었는데, 밀레투스는 가장 대표적인 격자형 계획 도시였다. 동서로 큰 도로를 몇 개 내고 이를 남북 방향의 도로가 둘 이상 지나면서 분할했다. 이렇게 구획한 땅을 좁은 도로로 나눠 건축 용지로 할당했으며, 이 용지는 주택으로 다시 나뉘었다. 분할에 분할을 거듭해 전체에서 부분, 부분에서 전체에 이르는 환경을 공평하게 분배한 최초의 도시 계획이 히포다무스의 격자형 도시였다.

그러나 이 격자 평면에서 도로는 주체가 아니다. 주택 네 채가 들어가는 사각형 가구insulas의 크기와 형상을 정하고, 큰 도로와 작은 도로로 가구를 나눠 모든 주택이 서열 없이 같은 조건으로 길에 면하게 했다. 모든 주택의 평등을 격자로 실천한 것이다.

밀레투스에서 보듯 격자상 구획은 주택의 요구로 정해진 것이지, 신전이나 궁정의 예외적인 요구에서 나온 게 아니다. 이와 같이 일관되게 격자 모양으로 구획함으로써 도시 전체의 체계를 통일했다. 그리고 모든 지구가 평등하며 공적인 권력에서 받은 일반 규칙에 근거해 사유지가 평등함

을 확인했다.[18]

지배 권력에 의한 도시가 아니라, 시민의 평등을 위한 주택에서 도시가 비롯되었다는 말이다.

출현의 공간, 빼앗긴 프라이버시

그리스어 아고라agora는 '모인다'는 말에서 나왔다. 처음에는 시장이었다가 점차 포괄적인 사회 활동의 중심이 되었다. 아고라는 모든 주민의 광장이었는데, 가게가 늘어서고 맑은 물을 마실 수 있었으며 가까이에 집회장, 회의장, 원로원 등이 있었다. 스토아stoa는 입구가 원기둥으로 열려 공적인 용도나 상점으로 쓰이고 이곳에서 예술 작품도 전시하며 종교 모임을 갖기도 했다.

아고라와 스토아 등에 대해서는 건축사 수업에서 익히 듣는다. 그럼에도 수업에서 전혀 다루지 않는 것이 있다. 고대 그리스 건축물은 타인을 통해 자유를 보장하는 시설이었다는 사실이다. 당시 사람들에게 자유란 공적 영역에 들어가 정치에 참여하는 것이었다.

자유인의 생활에는 타인이 필요했다. 따라서 자유 그 자체에는 사람들이 모이는 장소 곧 집회소, 시장, 도시 국가 등 고유한 정치적 공간이 필요했다.[19]

격자형 도로는 아고라를 통하며 자유로이 통행하는 공공장소다. 따라서 집에서 나와 길을 걸어 아고라에 이르러 제 의견을 피력하는 것, 그것이 곧 자유였다.

아렌트는 공적 영역에 들어가 정치에 참여하는 것을 모든 이 앞에 '나타남(출현, appearance)'이라 표현했다. 아고라를 포함한 주변에서 활동하고 언론이 일어나는 공간을 아렌트는 '출현 공간 space of appearance'이라 했다. 자유란 아고라에 '나타나는 것'이다. 다른 사람 앞에 나타나지 않고 듣지도 않는 채 하고 싶은 것만 하는 것은 자유가 아니었다. 고대 도시에서 광장, 스토아, 집회장 등의 시설을 고안한 것은 사람들 앞에 '나타나' 서로 만나고 말하고 듣고 기억하기 위함이며, 이런 활동과 언론이 자유를 실현하는 것이었다. 또 기억을 전달하기 위해 폴리스는 인간의 수명을 훨씬 넘어 존재해야 했고, 그러려면 건축물의 내구성이 높아야 했다.

기원전 350년쯤 지중해 동쪽에 생겨난 프리에네는 아크로폴리스를 제외하면 고작 가로 700미터, 세로 500미터 정도밖에 안 되는 구역에 사람들이 살았다. 천천히 걸어도 이쪽 끝에서 저쪽 끝까지 5분이면 닿는다. 이런 곳에도 의회^{bouleuterion}가 있다. 좌석은 ㄷ자 모양으로 줄지어 있는데 모두 640명이 앉을 수 있다. 인구 최대 4,000명에 의회 참석자가 640명이면 한 집의 가장이 모두 참석한 셈이다. 극장은 인구보다도 많은 6,000석이었다. 그야말로 모두가 참가하는 공적 영역이었다.

아렌트는 이렇게도 말한다.

도시에서 중요한 것은 공적 중요성을 갖지 못하고 감춰진 [사적] 영역 내부가 아니라 그 외면의 나타남이다. 그것은 집과 집의 경계로서 도시 영역에 나타난다. 법이란 본래 이 경계선에 관한 것이었다. 그리고 그것은 고대에는 여전히 실제로 공간, 곧 사적인 것과 공적인 것 사이에 있는 일종의 무인 지대이며, 그 양쪽 영역을 지키고 보호하고 동시에 양쪽으로 분리한다.[20]

도시에서 공공성 없이 닫혀 있기만 한 사적 영역은 문제다. 공적 영역에 나타나야 한다. '나타남'은 집과 집의 경계에서 일어난다. 그리스에서 경계선은 법에 관한 것이었고, 두 건물이 맞붙은 것은 법으로 금지했다. 아렌트는 이 경계를 '무인 지대'[21]라고 했다.

무인 지대의 역할은 공적인 것과 사적인 것을 구분하는 동시에 유지하는 것이다. 이 영역이 없으면 공적인 것과 사적인 것이 사라지고 그저 분리되고 만다. 이런 무인 지대가 있어야 공적인 것이 사적인 것 안으로 들어가고, 반대로 공적인 것 안에 사적인 것이 들어갈 수 있다.

상업 중심지 델로스에 남아 있는 주택 유적에서 보듯 이들은 가족, 재산, 집을 '오이코스oikos'라 불렀다. 오이코스는 도시 국가를 구성하는 기본 단위였다. 그들의 집에는 남자만 모이는 공적 영역 안드로니티스andronitis가 있고, 여자들의 사적 영역인 기나에코니티스gynaeconitis가 있었다. 현관은 길에 바로 닿고 집 한가운데 중정이 있었다. 이 중정에 면하면서 길과 가까운 곳에 안드론andron이라는 연회실이 있었다. 남자들은 이 방에서 음식과 술을 나누며 정치를 논했는데, 플라톤의 『향연The Symposium』으로 유명한 심포

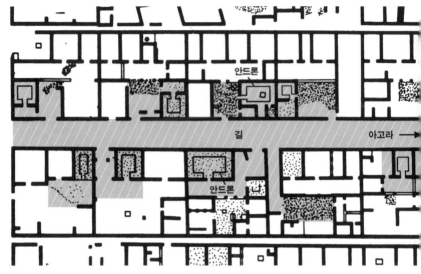

길을 향해 공적 영역(사선 부분)으로 열린 안드론(저자 표시), 올린토스.
©A. W. Lawrence, *Greek Architecture*, The Yale University Press, 1996에
山本理顯, 『権力の空間/空間の権力』, 講談社, 2015, 도판 7을 참조하여 작성함.

지온(마시는 이들의 모임)도 안드론에서 열렸다.

안드론은 사적인 오이코스 영역의 폴리스적 사교 공간으로, 남성의 토론장이라는 점에서 아고라와 같았다. 안드론은 주택과 도시라는 두 공간에 속하면서 이를 구분짓는 완충 영역이었다. 그래서 아렌트는 이를 "사적인 것과 공적인 것 사이에 있는 일종의 무인 지대"라고 불렀다. 또

이렇게 설명했다.

집을 갖지 않으면 세계 안에서 제 공간을 가질 수 없고, 그렇게 되면 세계의 문제에 참여할 수 없다.[22]

이 때문에 세계의 문제에 참가하려면 제집을 가져야 했다. 그러나 여자들은 노예와 함께 주택 안쪽에만 머물렀다. 이곳을 기나이케이아gynaikeia라 한다. 이곳은 격리되고 억압된 공간이며 '빼앗긴deprived' 영역이지, 남에게 간섭받지 않는 장소가 결코 아니었다. 격리된 여자와 노예의 영역만이 프라이버시였을 뿐 집 전체가 프라이버시가 아니었다. 아렌트는 고대 그리스여자들이 공적 영역에서 보이지 않는 장소, 감춰진 장소, 사적인 장소에 격리되었다는 사실에 주목했다. 프라이버시란 공적 영역에서 격리해 빼앗긴 상태이지, 오늘날처럼 소극적으로 지키기만 하면 얻는 권리를 뜻하지 않았다.

프라이버시를 지키기 위해 복도가 나타난 것은 18세기였다. 루이스 멈포드Lewis Mumford의 말이다.

18세기가 되자 모임을 열고 환담하는 특별한 응접실, 곧 살롱이 나타났다. 방 여러 개가 서로 독립해 복도를 따라 늘어섰다. 마치 새로운 가로를 따라 집이 늘어선 것과 비슷했다. 프라이버시가 복도라는 특별한 공용의 순환 기관을 낳았다고 할 것이다.[23]

19세기에 노동자 주택은 처음부터 가족의 프라이버시를 지키기 위해 등장했으며, 한 가족이 한 주택에 산다는 전제로 생겨났다. 왜 프라이버시를 '지켜야' 했을까? 그곳에 사는 사람들끼리 만나지 않도록 격리하고 관리한 데서 나온 결과였다.

'친밀한 것'은 사적 영역의 대용물로는 그다지 믿을 것이 못 된다.[24]

이제 주택은 사생활의 장소, '친밀함'의 장소로 외부와 분리되기에 이르렀고, 그것이 지금까지 이어지고 있다.

이러했던 프라이버시가 오늘날에는 또 한 번 달라졌다. 주변이 나의 사생활을 너무 많이 침해하니, 그 가운데서 '남에게 간섭받지 않을' 권리를 확보한다는 뜻으로 변했다. 프라이버시는 근대 특유의 현상이었다. 근대 사회는 '사적인 것'을 '공적인 것'에서 분리했고, 새로운 프라이버시 의식은 이런 데서 나타났다.

프라이버시란 권리가 아니라 격리다. 오늘날 우리의 아파트도 가정의 프라이버시를 중심으로 격리된다. 심지어는 집 안에서도 다시 프라이버시를 얻으려 저마다 밀실을 갖는다. 거실도 공공 공간이어서 개인은 방에 들어가 나오지 않는다.

이런 이유로 아파트는 천박한 욕망으로 이뤄진 집, 획일적인 집, 도시 경관을 파괴하고 독점하는 집, 받기만 하고 줄 줄 모르는 이기적 집단의 집, 결국 희박해진 인간관계에서 생긴 집이 되고, 지역 공동체를 붕괴하는 주범으로 여겨진다. 그러나 이것은 아파트의 공용 공간을 가능한 한 줄이고 옆집은 지하철 옆자리 사람처럼 내 집에 붙을 수밖에 없는 사정을 빼고 하는 말이다. 도어 록이 붙은 아파트 철문은 프라이버시를 지켜주는 마지막 방어선이 되어버렸다. 이기적이라서 프라이버시를 지키려는 게 아니다. 빼앗겼기 때문에 지키려는 것이다. 이것이 집 안 거실에서만 벌어지는 일일까? 인파가 몰리는 대중교통, 식당에서도 남의 시선 의식하지 않고 휴대폰 화면만 볼 정도로 프라이버시 공간은 축소되었다. 내 몸까지 축소할 정도다. 공적인 영역에 '나타남'을 잃은 결과가 이렇게 나타난다.

건축은 물화된 세계

아렌트는 노동labor과 작업work 그리고 활동action을 구분했다. '노동'은 필요한 것을 소비하는 생활에 육신이 구속되는 것이다. 이와 달리 '작업'은 일정한 영속성과 영구성을 띤 공작물을 생산하는 것이다. '작업'으로 우리는 '물物'을 만들어낸다. '활동'은 사람과 사람의 직접적인 행위로, 물질이나 사물이 개입하지 않는다. '활동'은 이 땅에 수많은 사람이 살고 있다는 사실에 대응한다. 이 세 가지가 모여 '활동적인 생활'이 되는데, 인간은 이 세 조건에 의한 존재라는 것이다.

아렌트가 말하는 '세계'는 인간이 존속할 수 있도록 만들어낸 공작물 전체를 가리킨다.

세계는 끊임없는 운동 안에 있지 않다. 오히려 세계가 내구성을 갖고 상대적인 영속성을 갖고 있기 때문에 인간은 거기서 나타나고, 거기서 사라질 수 있다. 바꿔 말하면 세계는 개인이 나타나기 이전에 존재하고, 떠난 뒤에도 남는다. 인간의 삶과 죽음은 이러한 세계를 전제로 하고 있다.[25]

따라서 '세계'는 과거에서 미래로 세대를 거듭하며 이어지는 곳, 인간이 태어나 죽을 때까지 일정 기간 머무는 거처인데, 건축이야말로 그 뜻에 정확히 부합한다.

우리는 사람 수명보다 오래 견디는 무수한 건축물에 둘러싸여 산다. 건축 안에서 태어나고 죽는다. 건축과 함께 살고 건축물 안에서 일한다. 또 건축물을 바라보며 사고하고 문화를 향유한다. 건축으로부터 도망갈 수 없다. 위 인용문에서 '세계'를 '건축'으로 바꾸면 그대로 건축의 근본 가치가 된다. '세계'는 안정과 동일성을 보장하는 근거다.

세계의 물物은 인간 생활을 안정시키는 기능을 한다. … 사람은 끊임없이 바뀐다. 그럼에도 사실을 말하자면 인간은 같은 의자, 같은 탁자에 결부되어 있으며, 그것으로 그 인간의 동일성, 곧 아이덴티티를 되찾을 수 있다.[26]

사람이 같은 의자, 같은 탁자, 같은 건축물에 결부되는 '세계'는 내구성과 영속성을 가진 공간을 말한다. 사람은 이런 공간에서 아이덴티티를 보장받는다. 존 듀이가 건축에 대해 한 말과도 일치한다.

그렇기 때문에 건축은 모든 예술 작품 중에서 존재의 안정과 지속을 표현하는 데 가장 적합한 것이다. 음악이 바다라면, 건축은 산이라 할 것이다. 건축은 내재한 지속력 때문에 다른 어떤 예술보다도 공통적인 인간 생활의 전체적 특징을 기록하고 찬미한다.[27]

세계는 자기 자신을 분명히 인식하는 사람과 물物이 모인 것이다. '우리 모두에게 공통하는 것'[28]이며, '사적으로 소유한 장소'가 아니다. 그런데 세계는 '인간의 공작물이나 인간의 손이 만든 제작물과의 관계'이고, '인공적인 세계에 공생하는 사람들 사이에 일어나는 일'들이다. 그래서 세계는 '공적'이다.

아렌트는 세계 안에서 다른 사람과 함께 산다는 것을 '둘러싸고 앉은 사람들 사이에 탁자가 있는 것'과 같다고 했다. 그렇듯 사물의 세계는 이를 공유하는 사람들 사이에 있다. 그런데 사물을 잇는 것은 사람이며, 사람들이 공동체를 이룬다. 세계는 모든 개재자와 똑같이 사람들을 잇고 동시에 분리한다. 정원을 중심으로 방을 두른 주택, 마당을 사이에 둔 마을, 광장을 둘러싼 도시가 그러하다.

빵은 바로 사라지지만 탁자는 내구성이 있다. 세계는 생존을 위한 빵만으로 이뤄지지 않는다. 빵 같은 소비재는 생명을 상대하지만, 내구성 있는 물품은 세계를 상대한다. 영속성과 내구성이 없으면 세계는 있을 수 없다. 물物은 노동으로 얻은 생산물과 아주 다르다. 세계를 보증하는 것은 노동이 아니라 작업의 산물이다. 따라서 건축을 소비재 생산하듯 지으면 그 순간 세계는 사라진다.

한편 활동과 언론은 인간관계로 구성되어 만질 수도 없고 내구성도 없다. 또 활동과 언론만으로 생산되는 것도 없다. 그것이 세계로 남으려면 물화物化, materialization를 거쳐야 한다. 물화는 사람의 관계가 물物의 관계로 나타나는 것을 말한다.

활동과 언론과 사고가 세계의 물物이 되고, 위업, 사실, 사건, 사상 또는 관념의 양식이 되기 위해서는 먼저 보이고, 들리고, 기억되고, 계속해서 변형되어, 말하자면 물화되어, 시의 말, 글로 쓰인 종이나 인쇄된 책, 그림이나 조각, 모든 종류의 이론, 문서, 기념비 등 결국 물질이 되지 않으면 안 된다. 인간사의 사실적인 세계는 첫째, 기억하는 타인이 존재하고, 둘째, 만질 수 없는 것을 만질 수 있는 물질로 변형해야 비로소 리얼리티를 얻고, 지속하는 존재가 된다.[29]

활동과 언론과 사고가 다른 이에게 보이고 들리고 기억되어 지속적으로 공유되려면 물物을 입어야 한다. 물物 중에서 사상을 체험하고 공유하는 데 가장 큰 영향을 미치는 것이 건축물이다. 존 듀이도 비슷한 말을 했다.

건축은 공동생활의 지속적인 가치도 표현한다. 건축은 가족을 보호하고, 신을 위한 제단을 마련하며, 법률을 제정하는 장소를 확립하고, 적의 공격에 대항하는 성채를 쌓기 위해 집을 짓는 이들의 기억과 희망과 공포와 목적과 신성한 가치를 '재현하는' 것이다. 만일 건축이 인간적 관심과 가치를 가장 잘 표현하는 것이 아니라면, 왜 건축이 궁전이나 성, 가정이나 광장이라 불리는지 신기한 일이다. 뇌리의 환상이 아니라, 분명히 중요한 구조물은 모두 계속 이야기된 기억의 보고이며, 미래에 대한 희망을 품은 불멸의 명문銘文이다.[30]

'공동 생활의 지속적인 가치', '짓는 이들의 기억과 희망과 공포와 목적과 신성한 가치'는 아렌트의 '활동과 언론과 사고'이고, 아렌트가 말한 '보이고 들리고 기억되도록' 물화된 것이 듀이가 언급한 '궁전, 성, 가정, 광장'이다. '세계'는 기억 장치다.

폴리스라는 조직은 물리적으로는 그 주위를 성벽으로 지키고 외형적으로는 법률로 보증하나, 뒤를 잇는 세대가 분간하지 못할 정도로 변해버리지 않는 한 그것은 일종의 조직된 기억이다.[31]

누군가가 나타나기 이전에 존재했고 그가 세상을 떠난 뒤에도 남는 공간, 즉 그가 살던 집과 마을, 그가 바라보던 신전, 이웃과 함께 지낸 아고라 등이 그를 기억해준다. 공동체도 마찬가지다.

노예는 노동만 한다. 그러나 공작인工作人, homo faber'[32]은 작업을 한다. 공작인은 내구성 있는 물질을 만든다. 특히 아렌트는 'fabri는 특히 건설 작업자와 목수를 의미한다'[33]며 공작인이 특히 건축과 관계있음을 강조했다.

독립한 실체로서 세계에 머물 수 있을 정도의 내구성을 가진, 완전히 새로운 물物이 인간의 공작물에 덧붙을 때 제작 과정은 끝난다. 제작의 최종 생산물인 세계의 물物에 관한 한, 그 과정은 반복할 필요가 없다.[34]

따라서 건축가가 만든 건축물이 다른 공작물과 만날 때, 곧 세계에 참여할 때 비로소 작업은 끝난다. 건축가는 세계의 여러 물질에 덧붙듯이 참여하는 사람이다. 그러나 건축가(공작인)의 작업물은 '명확한 시작이 있고 예견할 수 있으며 끝이 있는', 그곳에 하나뿐인 독립된 실체다. 건축 작업은 처음과 끝을 반복하는 표준 설계처럼 소비를 위한 노동으로 치환될 수 없다.

활동과 언론과 사고가 먼저 있고, 그다음 물화하는 것이 아니다. 바꿔 말하면 지식을 가진 자가 먼저 있고 건축가는 그 명령과 요구를 이어받아 물物로 바꾸는 자가 아니다. 시인은 다른 사람을 시켜 자기 생각을 종이에 옮기지 않는다. 연필을 들고 종이에 그리는 사이 불현듯 떠오르는 건축 설계 작업을 보면 물화에 앞서 지식이 있는 것이 아니다. 반대로 물화가 지식의 근거가 된다.

그러면 활동과 언론과 사고가 어떻게 건축으로 '물화'해 '세계'가 되는가? 가장 적절한 답은 독일 베를린에 있는 국가의회 의사당일 것이다. 1945년 영국과 미국의 공습과 베를린 공방전에서 철저하게 파괴된 이 의사당은 1990년 통일로 연방의회가 베를린으로 이전하면서 건설되었다. 영국 건축가 노먼 포스터Norman Foster의 설계로 1999년에 완성됐다.

애초에 포스터는 돔을 만들 생각이 아니었다. 그러나 당선안을 본 독일 국민과 정치가들은 과거의 의사당을 기억하도록 돔을 원했다. 물화된 당선안이 돔 구축이라는 활동과 언론과 사고를 불러일으킨 것이다. 포스터는 요구에 따라 어쩔 수 없이 대공간을 덮개로 덮은 당선안을 버리고, 같은 공사비로 돔을 얹은 덜 급진적이지만 간결한 안을 만들어야 했다. 건축가는 새로운 안으로 다시금 그들의 활동과 언론과 사고를 물화했다.

그는 모순적인 돔을 받아들이면서도 새로운 국가의 회 의사당 안을 만들어 역전시켰다. 수정안의 원칙은 네 가지였다. 역사의 이해와 존중, 출입의 자유, 민주주의의 포럼과 투명성, 본격적인 환경 보호를 실현하기 위해 그는 돔을 유리로 만들었다. 그리고 내외부 전체를 시민의 공간으로 만듦으로써 그곳에서 성실한 민주주의 정치가 실현되기를 기대했다. 물화로써 활동과 언론과 사고의 근거가 되려 한 것이다.

유리 돔 속 나선 계단으로 사람들은 베를린 시가를 조망한다. 유리 돔은 독일에 남아 있는 뼈아픈 기억들을 소환한다. 그리고 국회 회의장 주변을 돌아 올라가는 동안 시민인 자신이 이 나라의 주인이며 한가운데 선 존재임을 알게 해준다. 이 건물이 없다면, 그리고 이 건물에 유리 돔이 없다면, 또 이곳이 베를린이 아니라면 체험도 조망도 기억도 나타나지 않는다. 의회 제도는 이렇게 의사당이라는 건축물로 물화했다. 아렌트는 활동과 언론과 사고는 물화되어야 하며, 오히려 활동과 언론과 사고가 물화된 사물의 영향을 받는다고 생각했다. 건축은 이렇게 세계로 물화한다.

획일화하는 사회

'사회'는 사람들이 함께하는 집단 체계다. 작게는 가정, 크게는 국가나 세계까지 폭이 아주 넓다. 한자로 '社會'는 근대기 일본이 'society'를 일컬어 '제사 지낼 社'에 '모일 會'를 합쳐 만든 말이다. 당시에는 동아리를 뜻하는 '나카마仲間', 결사나 동료를 가리키는 '샤츄社中' 등 좁은 의미로 쓰이다가 점차 확대돼 모임, 회합, 공동체, 국가 등 넓은 인간관계를 가리키게 되었다.

페르디난트 퇴니스Ferdinand Tönnies는 자연 의지로 모인 집단이나 조직은 '공동 사회Gemeinschaft'로, 합리적 의지로 생겨난 집단이나 조직은 '이익 사회Gesellschaft'로 불렀다. 사회에는 보편적인 연대감을 자명하게 전제하는 사회도 있고, 개개인의 다른 욕구들이 맞물린 이익 사회도 있다. 가족은 혈연 관계, 국가는 지역과 민족과 종교 등의 관계, 시민 사회는 개인의 자유와 이익을 추구하는 계약 관계로 이뤄진다. 가족은 핏줄로 움직이지만 국가는 공동체 의식과 권력으로, 시민 사회는 계약에 따른 권리와 의미로 행동한다.

그런데도 건축하는 사람들은 '사회'를 잘 화합된 인간 집단, 모두가 지켜야 할 흔들림 없는 공동체, 우리 세상 전체를 대변하는 말로 받아들이는 경향이 강하다. '사회'라는 말은 흔히 다른 개념과 결합하여 사용된다. 시민 사회, 자본주의 사회, 대중 사회, 공업화 사회, 정보화 사회, 탈공업화 사회, 공유 사회, 지속 가능한 사회, 전통 사회, 현대 사회, 다문화 사회 등등 종류도 많고 면면도 복잡하다.

근대 사회는 '대중 사회'다. 대중이란 대량 생산, 대량 소비하며 엘리트와 상대되는 일반 사람 대다수다. 대중 사회는 유럽 시민 혁명의 영향을 받아 민중의 사회 참여가 늘면서 생겨났다. 근대에 가장 주목할 만한 사건은 시민 사회 출현이었다. 본래 가족, 국가, 시민 사회는 서로 다른 영역이고, 발생 순서도 가족이 먼저, 그다음이 국가, 시민 사회 순서로 나타났다.

대중 사회가 되면서 '사회적'이라는 개념도 크게 확장됐다. 종이 매체가 아닌 매스컴 발달로 사람들은 같은 정보를 비슷한 속도로 받아들이게 되었다. 경제가 성장하고 소득 수준이 올라가 다수가 중류 의식을 갖게 되었고, 대도시에 밀집하면서 생활 수준도 평준화, 획일화되었다. 대중 매체가 전하는 정보를 자기 신념이나 의지보다 중요하게 여기는 경향도 생겼다. 개인은 개성과 주체성을 잃고 주위 사람들을 따라 행동하는 타인 지향형 인간으로 변했다. 그리고 고독한 익명의 군중이 나타났다.

아렌트는 대중 사회가 공적 영역과 사적 영역을 모두 파괴했다고 보았다. 사람들은 제자리를 잃었으며, 사적인 가정까지 빼앗겨버렸다. 이로써 타인에 대한 '객관적' 관계나 타인에 의해 보증되는 리얼리티를 빼앗겼고[35] 고독해졌다. 이 사회의 고독은 대중 사회가 낳은 것이다.

시장 경제는 공동체의 구성원과 자연을 분리시켰다. 사람들은 본래 살던 마을을 떠나 도시로 이동했고, 이로써 농촌의 가족 제도는 무너졌다. 도시로 옮긴 이들은 회사에 고용되고 결혼해 새 가족을 만들었다. 도시에 살던 대지주는 이들에게 집을 제공하기 위해 토지를 팔고 떠났다. 이렇게 해서 오랫동안 유지된 농촌이나 공동체는 모두 사라져갔다.

땅을 떠난 사람과 물건은 화폐와 자본 아래에서 다시 결합했다. 대자본은 사들인 땅에 회사와 공장을 만들어 노동자를 고용했다. 기술 혁신으로 대량 생산을 거듭해 경제가 성장했다. 시장 경제는 지역 상권, 지역 공동체, 대가족을 붕괴시키고 모든 사람을 소비자로 만들었다.

정치와 경제가 민주화하듯이 가족도 민주화했다. 그 결과 시민 사회가 가족 공동체 깊숙이까지 스며들었다. 어린아이도 작은 시민이고 집안 어른도 똑같은 시민이다. 정치적으로는 대중 사회, 경제적으로는 고도 산업 사회가 됐고 근대 개념인 핵가족이 성립했다. 대가족이 핵가족으로 변화한 것은 가족의 크기가 줄었다는 뜻이 아니다. 핵가족은 가족 안에 시장 경제가 침투해 일어난 결과다.

이리하여 사회적 영역은 공동체 구성원을 모두 평등하게 하고 평등한 힘으로 통제하기에 이르렀다. '가족 집단이 경제적으로 조직되어 하나의 초인간적인 가족을 모사하는 것을 사회라 부르고 있다.'[36] 이렇게 '사적인 것도 아니고 공적인 것도 아닌 사회적 영역'이 근대와 함께 출현했다.[37] 이전에는 가족이 배제하던 활동 가능성을 이제는 사회가 배제하고 있다.[38] 아렌트의 말대로 '획일주의는 사회에 고유한 것이다.'[39]

이런 시민 사회가 이상할 정도로 확대되어 가족과 국가를 지배하기 시작했다. 문제는 사회적이지 않은 가족과 국가를 시민 사회에 귀속시켰다는 데 있다. 가족과 국가의 형태는 그대로인데 사회화될 수 없는 수많은 것을 빠르게 흡수했다. 상호 의존한다는 사실이 공적인 것으로 여겨지면서[40] 사적인 것과 공적인 것의 오랜 경계가 모호해졌다.[41] 가족이 쇠퇴하고 사회가 큰 힘을 발휘하면서 가족 단위는 각각의 사회 집단에 흡수되어버렸다.[42]

이것이 '사회화'다. '사회화'란 시민 사회의 경제 원리를 구석구석까지 침투시키는 것을 뜻한다.[43] 가족, 학교, 사회라는 회로로 사람들의 욕망이 통일됐다. 가족도 사회화하고 국가도 사회화하며, 모든 공동체를 획일화한다. 이에 아렌트는 '사회는 언제나 그 구성원이 의견도 단 하나이고 이해利害도 하나뿐인 거대한 가족의 구성원인 것처럼 행동하도록 요구한다'[44]고 지적한다. 이것이 '사회'라는 말의 함정이다.

사회가 만드는 건축

세계는 내구성이 있는 물질로 이뤄진다. 과거에서 성장한 공통 세계가 미래 세대를 위해 영속하려면 물질은 인간의 수명보다 훨씬 오래가야 하기 때문이다.[45] 그도 그럴 것이, 근대 국민 국가는 짧게는 60년 정도에 붕괴하고 만다. 산업 자본도 단명하다. 그러나 도시의 수명은 훨씬 길다. 길게 보면 도시는 국가나 자본에 의존하지 않는다. 오히려 국가나 자본이 도시에 의존한다. 그런데 오늘날 물질은 시장에 의존하며 자유로이 매매되는 영속성 없는 상품으로 전락해 '사적 소유물이 세계의 내구성을 파헤치기 시작했다.'[46]

물질의 가치worth에 대한 생각도 바뀌었다. 물질이 타고난 자연의 객관적 가치란 좋다, 나쁘다 평가하거나 사고 팔 수 있는 게 아니다. 세계를 만드는 집과 이를 둘러싼 벽, 벽으로 둘러싸인 방에서 오래 사용한 가구와 난로. 이것들은 '세계의 물物'이지 상품이 아니다. 따라서 교환할 수 없으며 그 장소에 있어야 한다. 그런데 소비 사회에서는 이런 가치가 '교환 가능한 가치value, 곧 상품이 되었다.'[47] 사회의 가치value가 건축이라는 세계의 가치worth를 잠식했기 때문이다.

아렌트는 근대 사회에서 작업과 노동의 구별이 사라졌고, 작업인과 공작인 모두 노동자가 되었다고 지적한다. 공작인은 내구성과 영속성을 갖춘 물物이 아니라 소비용 상품을 만드는 사람이 되고 말았다. 사회가 '단지 생명 유지를 위해서만 상호 의존'하고, '단지 생존에만 결부된 활동력이 공적 영역에 나타나도록 허락받은 형식'[48]이기 때문이다. 그래서 '사회는 어떤 환경 밑에서도 균질화한다.'[49] 부유한 나라든 가난한 나라든, 도시든 농촌이든 사회는 모든 환경에서 상품으로 균질화한다. 건축도 균질화하고 건축가도 상품이 되었다.

현대 사회는 평등을 강조한다. 이것은 사적 집단인 사회가 공적 영역을 정복했다는 말이다. 균질한 것과 구별하고 거기서 벗어나려는 노력은 오히려 개인의 사사로운 행동이 되고 말았다. 장소 차이를 없애고 공간을 균질하게 만드는 사회를 비판하는 건축가들이 있다. 공적 사회는 오히려 이를 건축가 개인의 사적 판단으로 가벼이 여기고 있다. 이런 사회에서는 균질한 공간을 만드는 것이 공적이고, 장소성에 근거해 '세계의 물物'이 되려는 건축은 사적인 것이 되고 만다.

시민 사회civil society란 사적 집단인 사회가 늘어나 일반적으로 받아들여지면서 생긴 말이다. 제3의 신분인 자본가와 지식인 등 시민 계급이 자유와 평등을 획득해 자립한 개인으로 성립하는 근대 사회가 시민 사회다. 정치적으로는 민주주의에 기초하지만, 경제적으로는 자본주의 사회 또는 부르주아 사회와 같다. 아렌트의 말처럼 사회는 '특별한 목적을 가진 사람들에 의한 사적 집단'이다.

사회라는 말은 … 사람들이 타인을 지배하거나 범죄를 저지를 때 단결하듯이, 어떤 특별한 목적을 가진 사람들이 맺는 동맹을 의미했다.[50]

그렇다면 '사회가 건축을 만든다', '건축이 사회를 만든다'는 말은 '특별한 목적을 가진 사람들의 사적 집단이 건축을 만든다', '건축이 특별한 목적을 가진 사람들의 사적 집단을 만든다'가 된다.

건축과 관계하는 사회는 과연 어떤 사회인가? 건축이 순순히 받아들여야 할 만큼 선한 사회인가, 아니면 이익을 이유로 건축을 도구화하는 사회인가?

산업 혁명 이후 기계는 사회를 평등하게 만들었다. 그리고 평등은 균일을 만들고 균일은 모방을, 모방은 대중을 만들었다. 대중 사회는 결국 소비 사회와 같은 말이다. 어째서 사회를 올바른 것으로 여기고 의심하지 않는지 묻지 않고 그냥 받아들일 수는 없지 않은가?

아렌트는 이렇게 말했다.

> 사람들에게 개입자여야 할 세계가 사람들을 잇는 힘도 잃고 분리하는 힘도 잃었다. … 탁자 주위에 모인 사람들이 … 갑자기 탁자 한가운데서 사라지는 것을 본다. 그러자 마주 앉은 두 사람은 어느새 만져서 알 수 있는 것으로 분리되지 않을 뿐 아니라 완전히 아무런 관계도 없어진다.[51]

근대 사회에서 시작한 물질이 개입하지 않는 사회, 물질로 이어지지 못하는 사회, 건축이 사람을 잇지 못하는 사회, 그래서 사람들의 관계가 사라진 사회가 지금 우리가 사는 사회다.

물物이 개입하지 않는 균일한 사회는 물物에 구속받지 않는 균질한 건축을 요구한다. 어떤 요구에도 자유로이 대응하는 건축 공간, 그것이 바로 미스 반데어로에의 '보편 공간universal space'이다. 그러나 '보편 공간'은 사람이 마주 앉은 가운데 탁자가 사라진 공간이다. 물物로 사람의 관계가 이어지지 못하는 사회가 물物의 세계성을 잃어버린 공간을 만들어냈다. 20세기 후반 건축은 모든 조건에 균등한 공간을 마련했다. 이는 자본 논리, 편리, 효율, 경제성에 적응케 하는 균질 공간이고, 모든 사람이 무력해지는 평등을 실현하며 세계를 잠식하는 공간이다.

사회는 건축 안에 있지 않고 건축 역시 사회 바깥에 있다. 그럼에도 사회가 건축에 어떻게 작동하는지를 뒤로 하고 건축은 사회적 존재로서 사회가 이해하고 받아들이도록 따라야 한다고 말한다. '건축의 사회성'이란 말로 사회가 요구하는 바를 충실하게 반영해야 한다고 생각한다. 그러나 이런 태도로 건축을 사회에 복종하게 만들면, 건축에 대한 요구는 획일적인 사회 아래 놓인다.

더 나아가 사회는 건축에 '시대적 요구'를 만족시키라고 요구한다. 정체도 불분명한 '사회'가 건축주다. 사회의 요구는 '시대적 요구'다. 건축가는 사회에 대한 사명을 실천해야 하며, 개인의 이념을 표현해서는 안 된다. 이는 헤겔의 '시대 정신'에 적합한 건축을 만들라는 말인데, 이 정도면 건축가는 진부한 국민교육헌장의 첫머리처럼 '민족중흥의 역사적 사명을 띠고 시대적 요구에 부응하는 건축'을 해야 한다.

현대 사회는 정보 조작으로 수요를 무한히 창출하는 소비화·정보화 사회다. 소비자가 욕망 그대로 쇼핑을 즐기듯이 자본주의가 자가발전해 시장을 스스로 만들어냄으로써 성장하는 사회다. 또 현대 사회는 대중 사회, 포스트 산업 사회 등으로 형용되기도 한다. 여기에 저출산 사회, 네 명 중 한 명이 고령자인 초고령화 사회다. 1인 가구와 독거 노인 가구가 늘어 관계가 단절되는 무연 사회, n포 세대나 혼밥, 사회 참여, 공생 등 신조어나 관련 개념도 계속 생겨나고 있다.

따라서 건축에서 혈연관계를 기본으로 공동체를 떠올리고 그 공동체를 시민 사회에 대입하는 것은 잘못된 일이다. 오히려 가족이 시민 사회화하는 것은 우려할 일이며, 사회화에 대응해 새로운 가족 논리를 구상하는 것이 건축의 과제다. 그렇다면 이렇게 변화한 사회는 건축에 무엇을 요구하는가? '사회의 시대적 요구'란 도리어 변화할 줄 모르는 사회를 염두에 둔 말이 아닌가? '사회를 바꾸는 건축'이란 말은 과연 그 사회가 어떠하기에 나온 말인가? 급변하는 사회가 갖춰야 할 무언가를 제안하라고 당차게 건축에 요구할 줄 아는 사회인가?

건축에 투영된
권력과 제도

공간과 권력의 관계

근대 이후 도시를 형성해온 세 힘은 욕망, 자본, 권력이었
다. 과거 자치체는 성벽, 종교 건축, 공공 집회소라는 물리
적인 구축물로 정체성을 나타냈다. 건축의 형태와 상징성
은 지배층이 권력을 표현하기에 아주 좋은 수단이었다. 미
셸 푸코Michel Foucault는 '공간은 모든 공동체 생활의 근본이
다. 공간은 모든 권력 행사의 근본이다'[52]라고 말했다. 18
세기 말부터는 영토를 통치하는 것이 사회를 지배하고 관
리한다는 개념으로 바뀌었으나, 공간화된 것은 아니었다.
공간과 권력의 관계가 새로운 양상을 띠게 된 것은 철도
의 등장 때문이었다.[53]

사회생활에 필요 불가결한 공간은 그 자체로 정치적 존재다. 정치가들은 표를 얻기 위해 학교, 도서관, 종합 병원, 야구장, 터미널, 쇼핑몰을 유치하고, 둘레길, 복합 커뮤니티 센터 심지어는 박물관 건립 공약도 남발한다. 이러한 선심성 공약에 건축이 많이 등장하는 것만 보더라도 정치는 건축의 힘을 이용하고 있다는 사실을 쉽게 알 수 있다. 거대한 규모로 구성원의 기대를 결집할 힘이 건축에 있음을 정치가들은 잘 알기 때문이다.

권력은 건축으로 애국 이미지를 구축할 뿐만 아니라, 공간 구조물로 사회적 관계를 분류하기도 한다. 지금도 구조물은 차별적인 사회를 만드는 수단으로 이용되고 있다. 미국의 로버트 모제스Robert Moses는 서던 스테이트 파크웨이의 다리들을 2.6미터 높이로 낮춰 지으라고 명령했다. 그가 설계한 존스 비치 공원에 소수 인종이나 저소득층이 들어갈 수 없도록, 가난한 이들이 탄 버스가 다니지 못하게 한 것이다.

근대 사회에서 권력은 서서히 눈에 보이지 않는 공간으로 바뀌어갔는데, 특히 건축물은 권력이 통제하고 지배하는 데 유용한 도구였다. 가장 고전적인 예가 제러미 벤담

Jeremy Bentham의 파놉티콘panopticon 교도소다. '일망-網 감시 기구'라고도 하는 파놉티콘 교도소는 수형자를 독방에 격리하고 형무 작업으로 교화하는 것은 여느 교도소와 같으나, 공간이 감시의 틀이자 권력이 되었다는 점이 크게 달랐다.

파놉티콘 교도소는 공간으로 대상을 고립시키고 배제하는 근대적 장치였다. 중앙 탑에 교도소장이 주재하며 수형자와 교도관을 지키면, '보이지 않는 시선'이라는 장치로 효율적으로 감시, 통제할 수 있었다. 이렇게 권력의 시선은 공간에 편재했다.

푸코는 『감시와 처벌Surveiller et punir』에서 벤덤이 고안한 파놉티콘을 아주 다양한 욕망에서 출발해 권력과 같은 효과를 낳는 절묘한 기계라고 보았다. 이렇게 권력은 제도와 더불어 반드시 실물 공간을 요구하고 건축적 장치로 유지된다.

파놉티콘 구조는 사람을 감시하는 근대 관리 체제의 전형으로 시스템 전반에 적용되었다. 벤덤도 『크레스토마티아Chrestomathia』로 이상적인 학교 평면을 제안했다. 학교인 동시에 강제 노동 시설인 12각형 평면에 1,404명이 수용된다. 가운데 회전의자에는 상급 관리자가 앉고, 감시관 여섯 명이 주위를 둘러싸 학생들은 관리자를 보지 못한다. 물론 관리자는 감시관을 감독할 수 있다. 도서관에도 이 방식이 그대로 적용되었다.

영국박물관의 원형 열람실도 중심에 사서가 있고 책상을 방사상으로 배열해, 사서 한 사람이 전체를 통제할 수 있다. 건물에 있는 사람들이 서로를 감시하게 되는 것이다. 근대 자본주의에서는 병원, 학교, 병사兵舍, 공장, 가정, 병원 등도 이런 평면으로 배치되었으며, 아이들은 가족, 학교, 사회라는 회로를 통해 집중 훈련된다. 건축은 이렇게 관리하는 사회를 공간으로 뒷받침했다.

한편 가장 사회적인 통치 형식은 관료제다.[54] 근대 사회에서 사람들이 공유하는 것은 사사로운 이익뿐이기 때문에,[55] 이 사적 이익을 보호하기 위해 정부가 등장한다. 아렌트는 이를 정부라 하지 않고 행정이라 부른다. 따라서 '사회가 요구하는 건축'이란 바꿔 말하면 많은 것이 관료제 행정이 요구하는 건축이다.

보호의 원칙은 사회 전체의 이익을 평등하게 분배하는 것이다. 그러나 근대의 평등은 그리스 도시 국가의 평등과 전혀 달랐다.[56] 근대기 평등은 획일주의를 낳았으며, 가족이 배제하던 활동action 가능성을 이제 사회가 배제하고 있다. 그 대신 구성원 각각에게 일종의 행동behavior을 기대하고, 무수한 가능성을 규칙으로 강요한다.[57]

아렌트는 '사회'를 '경제적으로 조직된 공간'이라고 지적한다. 관료제는 통치 기준을 금전에 둔다. 또 관료제는 누가 지배하는지를 알 수 없는 무인 지배 조직이다. 각종 거대 관료 기구를 보존하는 데 마음을 쓴다. 이 기구는 생물처럼 작업자의 서비스와 생산물을 재빠르고 무자비하게 소비하고 걸신들린 듯 먹어치운다.[58] 따라서 행정은 가장 싼 건축가를 선택함으로써 건축가가 노동력을 상품으로 팔도록 조직하는 데 앞장선다.

권력은 저 위에 군림하는 게 아니다. 고대에는 한 사람이 지배했으나, 오늘날에는 크고 작은 사회가 많은 사람을 지배한다. 그러나 예나 지금이나 똑같이 플라톤의 지배 원리가 동원된다. 플라톤은 '알고 있으나 활동하지 않는 사람'과 '활동은 하지만 모르는 사람'을 처음으로 구별했다.[59] 플라톤식의 지식과 행위 분리는 모든 지배 이론의 뿌리가 됐다.

관료 행정은 건축가에게 생각을 바라지 않는다. 지식인은 알고 생각하는 사람이다. 그런데 아는 사람은 행할 필요가 없고, 행하는 사람은 사고와 지식을 필요로 하지 않는다. 생각은 지배자, 행위는 피지배자의 몫이다. 그래서 명령과 지배를 동일시하고, 복종은 집행과 동일시한다.[60] 가장은 생각하지만 행동은 가족과 노예가 한다. 알고 생각하는 행정은 명령하고 지배하면서 건축가가 그 명령에 따라 집행하기를 요구한다.

건축에서 발주자 또는 건축주는 알고 생각하며 명령하는 사람이고, 물질로 건물을 만드는 건축가는 알지 못하는 사람, 생각하지 않고 명령에 복종하는 사람이다. 건축주가 생각하면 건축가와 건설사는 제작한다. 그런데 유감스럽게도 '권력은 밑에서 온다'는 푸코의 말처럼 명령은 관료제의 말단에서 시작한다. 건축으로 말하자면 행정 관청의 말단 담당자에게서 '명령=지배'가 시작하고 건축가는 그것을 받아 '복종=집행'하는 관계에 놓인다. 권력은 '지배'를 위해 시민을 공적 영역에서 추방하고 사적인 일에 전념하게 했다.[61] 권력은 지배를 위해 공적 영역에서 건축가를 추방했으며, 추방당한 건축가들은 작품이라는 이름으로 사적인 일에 전념하는 것이 제 역할이라 여기게 되었다.

명령의 근거는 무엇인가? 이는 '사회적 요청'이라는 이름으로 나타난다. 그러나 '사회적 요청'은 다양성을 단순하게 획일화하고 표준화한다. 관료제 행정은 다채로운 의견과 이해를 단순화하고, 누구에게나 편리하고 기능적인 건축만 요구하면서 '사회적 요청'을 근거로 들이민다. 정작 그 '누구'가 어떤 사람들인지는 알려 하지 않는다. '사회적'이라는 수식어에는 비합리적인 요청을 합리적인 것으로 바꾸는 힘이 있기 때문이다.

그리고 사회는 각각의 구성원에 행동을 기대하고 무수한 규칙을 강조한다. 이 규칙은 모두 구성원을 '표준화(정상화, normalize)'하고, 행동하게 하고, 자발적인 활동이나 우수한 성과를 배제하는 경향이 있다.[62] 근대 건축이 인체 치수 표준화, 척도 통일, 자재 표준, 설계 표준화, 시공 표준화 등 유별나게 표준화를 강조한 이유가 여기 있다. 주택을 규격화하고 대량 공급하기 위해 표준화 주택이 강조되었다. 1990년 이후 점차 사라졌지만, 우리나라에서는 평등한 비용으로 평등한 시설을 제공한다며 1962년부터 '학교 시설 표준 설계도'에 따라 학교를 지었다. 모두 관료 행정이 요구하고 만든 건축이었다.

그렇다면 아렌트는 권력을 어떻게 해석하는가? 아렌트는 권력을 공생에서 찾는다.

권력이 발생하는 데 빠질 수 없는 유일한 물질적인 요인은 사람들이 함께 사는 것共生, living together이다. 사람들이 아주 밀접하게 생활해 활동의 잠재력이 항상 존재하는 곳에서만 권력은 사람들과 함께 존속할 수 있다. 따라서 도시 국가로서 모든 서양 정치 조직의 모범이 된 도시 창설은 실제로 권력의 가장 중요한 물질적 전제 조건이다. 활동 순간이 지나도 사람들을 묶어주는 것, 그리고 동시에 함께 삶으로써 존속하는 것, 이것이 권력이다.[63]

아렌트는 권력을 전혀 다르게 보았다. 권력이 주민에게 돌아간 새로운 공동체, 현대적인 구상이다. 아렌트의 말을 따르면 권력은 같은 공간에서 긴밀하게 함께 사는 사람들한테서 나온다. 고대 그리스에서 '같은 공간'은 도시다. 그 도시는 '나타남'의 공간이었고, 공적 영역을 존속시켰다. 사람들은 그 안에서 스스로 해야 하는 바를 스스로 결정했다. 그것이 권력이라는 것이다.

아렌트는 토머스 제퍼슨이 주창한 구區, ward에 대해서도 『혁명론』에서 자세히 언급한다.

카토Cato가 '카르타고는 망해야 한다'는 말로 모든 연설을 끝맺은 것처럼, 나도 '군county을 구ward로 분할하라'는 명제로 모든 견해를 맺겠다.[64]

제퍼슨이 구상한 '구'는 주민이 작업하는 경제 공동체이며, 그 안에서 여러 안건을 결정하는 데 참여하고, 지역 사회 사람들과 함께 건축을 만드는 또 다른 공동체였다.

따라서 공동체란 권력이 주민에게 있는 공간이다. 권력이란 억압하는 것, 단순화하는 것, 명령하는 것이 아니다. 권력은 더불어 사는 사람들이 스스로 활동하는 힘, 잠재력에서 나타나는 힘이다. 아렌트가 말한 '함께 사는 것集住'도 '긴밀하게 생활하고', '활동 잠재력이 항상 존재하는', '물질적 전제 조건'이라는 건축적 조건을 두고 한 말이었다. 오늘날 우리 사회가 깊이 생각해야 할 건축과 도시 형성의 중요한 단서가 여기 있다.

제도와 공간

제도와 사회는 나아갈 방향을 정하려는 공동 합의다. 국가, 의회, 학교를 비롯해 사회관계를 유지하기 위해 만든 합의가 곧 제도다. 따라서 사회는 제도의 복합체다. 그런데 'institution'에는 '제도'와 '시설'이라는 뜻이 함께 있다. 시설은 제도와 관련되고 제도는 시설[65] 없이 성립하지 않는다.

이 모든 제도는 다른 사람과 함께하며 공동체를 유지하기 위해 '합의'로 성립한 건물들로 실천된다. 함께 자고 함께 기도하며 함께 공부하는 집, 함께 보고 즐기고, 함께 토론하고 거래하며 운동하는 집 없이 사회의 합의는 실천되지 않는다. 동전의 양면처럼 교육 제도는 어린이집이나 유치원, 학교와 함께 논의된다. 교육 제도는 학교라는 시설로, 도서와 관련된 제도는 도서관이라는 시설로 나타난다. 이렇게 제도에 대응하는 건물이 시설이다. 제도는 학교, 병원, 공장, 사무소 같은 시설로 번역된다.

시설은 다시 유형화된다. 시설이 넓은 의미의 행위를 상징한다면, 건물 유형은 그 용도에 맞게 배열한 공간이다. 시설은 제도를 충실히 반영하되 고정된 용도와 형식으로 되풀이되는 건물의 모습이다. 공동 주택, 학교, 사무소, 병원, 창고 등 정해진 용도가 형식을 결정한다. 따라서 건물 유형은 건축물과 사회생활이 결합한 것이며, 단순히 형식적인 분류가 아니라 사회를 잘라보는 형식이다. 수많은 유형은 사회 제도와 시스템의 산물이지 건축가가 고안한 것이 아니다. 르코르뷔지에나 미스 반데어로에 같은 거장은 건축사에 남을 건물을 설계했지만, 그들도 건물 유형을 고안하지는 못했다.

시대마다 특정한 기능을 가진 건물 유형을 만든다. 주택을 비롯해 일상적으로 친숙한 건물은 근대에 새로 태어났고. 학교나 공장도 근대 사회에 맞춰 100년 전 새로 만들어졌다. 학교는 균질한 노동자를 육성하기 위해 공교육이 실시된 19세기 이후에 나타났으며, 병원은 시민의 건강을 높이는 방식으로 만들어졌다. 그때의 모습이 오늘날에도 유지되고 있다. 주택, 아파트, 학교, 백화점 등 모든 건물 유형에는 반성하고 극복해야 할 근대 사회의 오류가 담겨 있다.

푸코는 권력이 제도와 그에 따른 공간 장치로 유지된다고 했다.

제일 먼저 병원, 그다음에 학교, 또 그다음에 공장은 단지 규율·훈련에 따라 질서가 잡힌 것만은 아니었다. 곧 규율·훈련 덕분에 이러한 제도는 객관화=객체화의 모든 메커니즘이 복종의 도구로서 가치를 가질 수 있었다. 그리고 계속 늘어가는 모든 권력이 가능한 한 많은 지식을 낳는 장치로 변하게 되었다.[66]

이어서 그는 제도와 공간은 실상 어긋나 있어, 실제 건물은 우리가 살고 있는 사회 현실과 일치하지 않는다고 논증한다.

루이 피에르 알튀세르Louis Pierre Althusser는 국가가 군대, 경찰 등의 '억압 장치'와 학교, 종교, 정보 등의 '이데올로기 장치'로 이뤄진다고 보았다. 반면 개인의 사상이나 신조(이데올로기)는 학교, 미디어, 기업 등의 시스템에 의해 국가에 적합하도록 형성되는데, 이것을 '국가 이데올로기 장치'라고 불렀다. 사람들에게 무의식적으로 국가와 사회에 복종하도록 만드는 장치들이라는 것이다.

제도는 공간을 요구한다. 정책과 법은 따로 있지 않고 공간과 직결된다. 진로와 학교 폭력 문제로 고민하는 청소년을 위해서는 청소년 회관이, 여성 직업 능력 개발을 위해서는 여성 문화 회관이, 노인 복지와 취업을 위해서는 노인 복지 센터가 해결책이 된다. 이런 배경 때문에 건축을 제도를 충실히 반영하는 것으로만 보는 경우가 많다. 학교는 학생을 잘 가르치라고, 감옥은 죄지은 자를 교정하라고 짓는 것이라 여긴다. 공장은 노동력으로 제품을 생산하는 곳이고, 병원은 아픈 이를 고쳐주는 곳이라고 생각한다. 그러나 건축이 일방적으로 제도를 뒤따르기만 하는 것은 아니다.

제도가 있으면 반드시 공간이 있고, 공간은 제도를 구체화한다. 제도는 눈에 보이지 않는데, 건축을 비롯한 일상 공간 뒤에 숨어 있다. 이 때문에 건축 공간이 어떻게 제도와 관계 맺고 작동하는지는 읽어내기 어렵다. 건축물을 짓기 전에 주어지는 여러 프로그램 속에는 이미 제도와 관련된 공간적 배열이 들어 있다. 표준화된 아파트 평면은 국민의 주거 생활을 위해 만든 것이지만, 그것이 제도화되면 비슷한 공간이 계속해서 재생산된다. 이미 제도와 법으로 정한 것을 당연히 지켜야 한다고 여기기 때문이다.

그러나 실제 건물은 현실과 일치하지 않는 경우가 많다.

이를테면 제1종 주거 전용 지역에서 주민들이 다과를 파는 동시에 소규모 교육 프로그램과 강연을 겸하는 커뮤니티 카페를 마련하려 할 때, 이에 대한 법규가 명확히 정해지지 않았다고 해보자. 규제할 것인가, 아니면 쇠퇴하는 지역을 활성화하기 위해 규정을 바꿀 것인가? 다시 말해 공간(커뮤니티 카페)으로 제도(법)을 바꿔 공동체(사회)를 변화시킬 것인가, 아니면 제도(사회)가 정한 대로 변화 없이 공간을 유지할 것인가?

'제도가 공간을 만든다'고 해서 제도가 먼저 정해졌다는 뜻이 아니다. 이는 획일적인 제도가 획일적인 공간을 만든다고 해석해야 하고, 새로운 공간을 만들려면 고정된 제도도 변해야 한다는 뜻으로 이해해야 한다.

아파트는 사회 규범에 따라 짓지만, 공간에 대한 제도는 고정된 것이 아니다. 공간이 있기에 그 안에서 행위가 지속해서 일어나고, 이로써 다양한 행위를 창출하는 새로운 제도도 생겨난다. 공공 공간이 부족할 때 먼저 부족한 것은 공간이며, 부족함을 불러온 공공의 제도는 공간을 통해 인식된다. 이와 반대라면 제도의 결함에는 민감하지만, 제도가 관계하는 공간에 대해서는 무관심하다는 뜻이 된다.

근대 건축은 근대 제도에 부응하는 표준 주택을 만들었다. 그러나 표준 주택(공간)은 표준적인 핵가족(제도)을 만드는 역할을 했다. 부모는 표준 주택에 들어가 살았지만, 그 안에서 태어난 아이들에게 표준 주택은 주어진 공간이었다. 보안과 프라이버시가 완벽한 지금의 아파트는 제도가 만든 것이다. 그러나 이 주택에 살면서 이웃과 전혀 관계 맺지 않고도 얼마든지 살 수 있다는 의식이 생겼고, 이 의식은 다른 제도를 강화했다.

공간은 분명 결과물이지만, 공간이 있어야 비로소 제도와 기능을 다시 생각하게 된다. 아렌트가 말한 대로 법(제도)을 뜻하는 노모스nomos였으며, 벽과 경계(공간)를 뜻하는 네메인nemein에서 나왔다는 것은 공간이 먼저 있고 제도가 뒤따랐다는 뜻이다. 이제 건축가는 예술가의 개성에 머물 것이 아니라, 사회와의 관계에서 제도의 결함까지 내보이는 건축으로 대안을 제시해야 한다. 건축가가 주체가 되는 지점이 바로 여기다.

공간이 제도를 바꾸는 것은 오늘만의 이야기가 아니다. 오래전 건축가 안드레아 팔라디오Andrea Palladio의 빌라

(공간)는 사회(제도)를 바꾸었다. 베네치아 공화국은 지중해에 군림하며 막대한 부를 축적했으나 15세기 말부터 해상 무역이 어려워지고 인구도 크게 늘자 상황이 달라졌다. 베네토의 도시 부유층은 내륙의 농업 경영에 눈을 돌렸다. 이들은 비교적 싼 비용으로 이전에 없던 전원 속 농업 경영 거점 시설을 만들어냈다.

팔라디오는 르네상스의 빌라와 달리, 이익을 위한 농장과 즐거움을 위한 빌라, 농업 경영에 힘쓰면서 피곤한 도시 생활에서 벗어나 명상할 수 있는 건물 형식(공간)을 발명했다. 이에 건축사가 제임스 애커먼James Ackerman은 이렇게 표현했다.

만일 팔라디오가 없었더라면 그를 발명해내야 했다. 어떤 의미에서는 팔라디오는 발명된 사람이었다.[67]

팔라디오는 빌라로 주택과 농경지, 과거와 현재, 집과 사회, 도시와 전원에 관한 사상을 바꾸었고, 다른 방식으로 사회를 이끈 건축가였다. '발명된 사람 팔라디오.' 팔라디오는 사회적 주체가 된 최고의 건축가였다는 말이다.

3부

건축을

소비
한다는

것

공간은 계급적 성격이 강하다. 그중에서도 주택이 제일 그렇다. 음악이나 미술은 중요한 문화지만 없거나 부족해도 그런대로 살 수 있다. 그러나 건축은 음악이나 미술 또는 패션과는 비교가 안 될 정도로 비싸다. 재산 중에서 가장 큰 것 역시 주택이다. 일생에 한 번 살까 말까한 물건이며, 모두가 제각기 갖고 싶어 한다. 재산으로서의 주택은 사회적 신분을 가장 크게 상징한다. 특히 소비 사회에서는 집과 살림살이가 곧 사회적 신분을 강력하게 뒷받침한다.

공업화 사회의 건축, 균질과 격리

공업 생산 건축

미국의 경영학자 프레더릭 테일러^{Frederick Taylor}는 '테일러리즘'이라는 과학적 관리법을 제창했다. 생산 공정에 표준 작업 시간을 설정하고 정확하게 동작하며 작업에 사용하는 공구와 순서를 표준화해 대량 생산하는 방식을 확립한 것이다. 그러나 테일러리즘을 가능하게 한 것은 공장이라는 건축물이었다. 건물 안에서 노동자, 기계, 제품이 가장 효율적으로 공정에 따라 움직인다. 공장 평면도는 공장을 짓는 도면이 아니다. 이것은 곧 공정, 흐름이다.

근대 사회는 기계를 모방하며 세상을 무수한 부품으로 분해했다. 공장은 제품을 만들고 주택을 재배치하며 도시의 구조를 바꿨다. 공장은 도시 안에 세워졌다. 효율적으로 일을 하려면 이동 시간을 아껴야 하므로 노동자의 집은 공장 가까이에 자리했다. 그러나 부유층은 공장이나 노동자를 피해 교외에 살게 되었다. 도시는 도심과 교외가 기능을 분담해 생산성을 높이는 사회적 목적에 맞춰 계획되었다.

공업화 사회에 직면한 당시 건축가들은 기계로 생산된 건축 자재에 주목했다. 그들은 공장에서 대량 생산한 철골이나 철근, 유리 같은 표준 재료를 조립해 새로운 건축을 제안했다. 건축에서 철근 콘크리트, 철, 유리 등이 많이 사용된 것은 공업화 사회에서 소품종 대량 생산했기 때문이다. 표준화된 재료로 지은 건축물도 공산품처럼 대량 생산되어 세계를 균질하게 만들기 시작했다.

근대 사회는 새로이 나타난 수많은 '대중'을 전제로 했다. 이를 위해 근대 건축가들은 '대중'이 모두 사용할 수 있도록 대량 생산할 수 있는 건축 모델을 제안했다. 대량 생산은 규격화를 요구하고 '경제'와 '기능'이라는 두 가지 합리성을 추구했다. 여기서 주목할 단어는 '생산'이다. 기계에 의한 건축 '생산', 소품종 대량 '생산', 공산품 '생산' 등.

건축은 자본주의 산업의 틀 안에서 생산물로 파악되었다. 공업화에 의한 건축 생산은 근대 건축과 디자인의 중심이 되었고, 이로써 수작업 제품으로 생활 환경을 바꾸겠다는 아르누보의 세계는 완전히 종지부를 찍었다. 바우하우스Bauhaus를 이끈 발터 그로피우스가 초기에는 중세의 수공업을 이념으로 삼았다가 '예술과 기술의 통합'을 고수하면서까지 기술에 의한 대량 생산과 규격화로 선회한 것도 이와 같은 건축 및 디자인 생산의 변화 때문이었다.

　르코르뷔지에의 작품 중 가장 유명한 사보아 주택은 정사각형에 가까운 평면에 직육면체의 입체다. 크기가 같은 바닥을 위아래로 적층해 공업화 사회에 대응하는 대표적인 건축 형식을 제안했다. 그는 이런 형식을 '도미노형'이라 불렀다. 주택 중심에는 경사로가 있고, 그 위로 공간이 트여 경사로를 오르내릴 때 안과 밖의 공간이 교차되도록 공간과 구조를 통합했다. 또 다른 유형은 정사각형 두 개를 붙인 직사각형 평면을 위로 적층하고, 계단은 입체의 바깥에 붙인 '시트로앙Citrohan형'이다. 프랑스 자동차 시트로앵Citroën을 본뜬 이름인데, 주택도 자동차처럼 생산된다는 뜻이었다. 자동차는 한 대 한 대 생산되지만, 주택을 이런 유형으로 만들면 수백 채가 묶인 아파트가 공산품처럼 생산된다.

미스 반데어로에가 1951년 설계한 판스워스 주택Farnsworth House은 내부 기둥을 없애고 바깥 벽에 붙은 기둥으로 구조를 만들고, 사방은 온통 유리로 덮었으며 내부 공기는 에어컨으로 인공 조절한다. 이 집은 좌우, 또 위아래로 쌓으면 그대로 업무용 건물이 되는 원형과 같은 건물이라는 점에서, 효율과 경제성을 우선하는 공업화 사회 건축의 전형이 되었다. 르코르뷔지에와 미스 반데어로에는 이렇게 주거와 노동의 분리에 대응하는 아파트와 업무용 빌딩을 제시함으로써 20세기 공업화 사회의 건축을 석권했다.

주택은 그 안에서 어떤 생활을 할 것인가 하는 구체적인 이미지를 담고 있어야 한다. 그러나 주택을 대량화하면서 사람도, 가족도, 지역 사회도 표준화되었다. 건축가 루트비히 힐베르자이머Ludwig Hilberseimer가 1924년 제안한 '고층 도시vertical city' 계획안은 건조하고 획일적인 주택을 무한 반복하는 오늘의 도시를 그대로 닮았다. 모든 주택은 핵가족의 프라이버시 관점에서 격리되었다. 주거동은 반복된다. 주거 단위는 기능이 완결되어 교환할 수도 있으며,

일조와 통풍마저 균일하게 공급되는 주거동은 어디에 놓여도 무방하다.

1925년 르코르뷔지에는 파리 '부아장 계획Plan Voisin'을 발표했다. 자동차 회사 시트로앵이나 푸조에 출자를 부탁했으나 거절당한 후, 항공기와 고급 자동차 제작자 가브리엘 부아장의 출자로 계획되었다. 그만큼 이 계획은 자동차가 이끄는 새로운 사회를 그리고 있었다.

그는 비위생적인 주택을 고층 업무동과 아파트로 바꿔 햇빛 가득하고 녹지 풍부한 환경을 확보하고자 역사적인 환경을 모두 제거했다. 폭이 120미터인 일방 통행로에 입체 도로가 교차하고, 비행기도 안전하게 수직 착륙할 수 있다. 높이가 200미터나 되는 사무소 건물이 같은 간격으로 늘어서고, 녹지 중앙에는 높이 50미터인 집합 주택이 즐비하게 줄을 선다. 물경 240만 제곱미터나 되는 곳에 수용 인구가 네 배나 늘었다. 그러나 파리 시민은 공업화 시대에 대응한 전체주의적 계획에 반대했다. 100년 전 이야기가 아니다. 이런 계획은 오늘날 재개발이라는 이름으로 우리 대도시에 계속되고 있다.

근대 건축에서 대규모 집합 주택은 정치 이데올로기, 건축 이데올로기, 도시 정책, 노동 정책의 영향을 크게 받았다. 주택은 도시와 사회로 직결되는 중요한 문제이기 때문이다. 단기간에 저렴한 비용으로 집합 주택지를 건설하려면 공간 분할을 최소화하고 다양하게 조립하는 방식으로 지어야 했다. 특히 부엌 설계는 일상을 혁신할 뿐만 아니라 사회까지 혁신한다고 여길 정도로 핵심적인 요소였다. 그러나 내연 기관을 중심으로 기술의 총력전이 펼쳐진 제2차 세계대전을 거치면서 기계를 바탕 삼은 근대 건축 프로젝트는 사그라들었다.

이윤을 추구하는 자본주의란 자본이 자본을 낳도록 경계를 넓혀나가는 자기 증식 시스템이다. 저개발 국가에서 싸게 사들인 자원과 노동력으로 비싼 완제품을 팔아 이윤을 얻고, 그 부로 경제를 발전시켰다. 이득을 올릴 공간을 많이 얻는 것, 그리고 그곳에서 얻은 이윤을 한곳에 집중시키도록 자본주의는 '중심-주변' 시스템을 반복하고 강화했다. 공업화 또는 산업화도 자본주의 방식과 똑같다. 공업화란 싼 곳에서 자재를 사들여 제품을 만들고, 이에 부가 가치를 붙여 비싸게 팔기 위해 집중과 확대를 반복하는 산업 활동이다. 제2차 세계대전 이후 자본주의 사회에서 시장 경제 논리를 따르는 건축은 소비 과잉 시장의 유통 상품으로 변질되었다.

균질 공간, 자본주의가 만들어낸 건축물

자본주의 시장에서는 땅과 건물이 부동산 상품으로 유통된다. 이때 시장이란 실제로 물건을 사고파는 장소가 아니라, 땅과 건축까지 상품으로 둔갑시켜 유통하는 추상적인 장이다. 이런 시장에서는 땅과 건물이 상품이고 임차와 매매로 유통, 소비된다. 그러려면 땅과 건축 공간은 구획하고 분할해 개발해야 하고, 유통 조건에 맞게 인접·분리해 배분해야 한다. 상품화된 땅과 건축물은 도시에 균질 공간homogeneous space을 만들어낸다.

그래서 근대주의 건축은 자본주의 시장에 맞는 기능주의의 '균질 공간'을 창안했다. 균질 공간이란 건축에만 해당하는 것이 아니다. 상품은 특정한 사람을 위한 것이 아니면서도 어느 누군가를 위해 생산되듯이, 균질 공간도 누구나, 어디서나 사용할 수 있는 공간이다. 기술이 계속 진보하고 이에 따라 기능도 계속 달라지는, 이런 조건을 만족하도록 고안된 것이 균질 공간이다. 이는 사회와 도시 전반

을 지배하는 개념으로, 근대 도시에 필요한 시설의 원료와
도 같았다.

균질 공간은 평등하기 때문에 자유로우며, 또 자유롭
기 때문에 평등하다는 사고에 부응한 건축적 대답이었
다. 따라서 균질 공간에서는 사용자가 누구인지 구체적으
로 묻지 않는다. 균질 공간은 화폐 같은 공간이며, 모든 기
능과 용도에 대응하려는 자본주의의 공간 원리였다. 건물
은 일정한 대지에 하나만 짓게 되어 있으나 애초에 대지
의 크기도 대체로 비슷하다. 아파트는 규모가 같은 주택으
로 구획된다. 주택에 사는 가족 구성도 거의 비슷하다. 같
은 규모에 같은 분양가로 상품화된 주택은 동등하고, 거주
자들도 소비자로서 동등하다. 평등한 시민 사회가 분단되
고 고립된 건물을 집적함으로써 공간이 균질해진다.

근대 사회를 지배하는 공간 개념을 가장 잘 나타내는 전
형이 직육면체의 업무용 빌딩이다. 외형은 단순하고 공
간은 등질하며, 대개 유리 커튼월로 뒤덮은 고층 건물이
다. 개념적으로 기둥이나 보, 바닥이 없고 좌표만을 이
상으로 삼기 때문이다. 주로 철과 콘크리트로 기둥과 보
를 만들어 입체 격자를 만든다. 입체 격자의 수평면은 바닥

균질공간, 홍콩.
©Michael Wolf

이 된다. 내부는 고정된 벽 없이 바닥이나 유리면으로 둘러싸 자유로이 구획할 수 있다. 공간의 일체성을 위해 동선과 설비 등 고정 요소를 코어로 모으고 주공간과 분리한다. 또 내부 공간에서는 인공적으로 기후를 조절해 온도와 밝기, 음조, 풍향 등 모든 것이 일정하다. 이렇게 하면 세계 어디에든 똑같은 건물을 지을 수 있다. 바깥 세계와 단절된 채 독자적인 환경을 가진 균질 공간이니 장소성과 아무 관계가 없다.

균질 공간은 미스 반데어로에가 완성한 '보편 공간 universal space'을 연상한다. 이 '보편 공간'도 특정한 목적이나 기능에 봉사하지 않고 다목적, 다기능으로 열려 있는 공간이다. 주로 철과 유리로 지은 고층 빌딩에 가장 뚜렷하게 나타난다. 이런 건물의 철골 구조는 이미 1880~1890년대 사이에 시카고파가 많이 사용했다. 그러나 1895년에 완공된 릴라이언스 빌딩Reliance Building 등 당시의 고층 건물은 주로 공조 시설을 갖춘 합리적 공간에서 많은 사람이 효율적으로 일할 수 있게 한, 그야말로 자본주의 시장을 위한 공간 대안이었다.

건축물은 부동산이고, 건축주의 재산 형성 등 크고 작은 욕망을 실현해주는 수단이다. 이들에게 건폐율과 용적률은 그 자체로 부동산 가치다. 건폐율 60퍼센트면 59.9퍼센트까지 근접시키고, 최대 용적률이 300퍼센트면 299.9퍼센트까지 얻어내려는 것이 상업 건물의 목표다. 주어진 면적을 최대한 자유로이 쓸 수 있는 균질 공간은 자본주의 건축의 환대를 받았다.

자본의 욕망은 균질 공간으로 행정이 주도하는 도시 계

획의 규제 속에서 거대 건축을 만들어낸다. 거대 건축이란 도시의 광장이나 가로에 버금가는 공간으로 다양한 기능을 담아내는 건축이다. 이를 가능하게 해주는 것도 균질 공간이다. 이 거대한 입체는 심지어 테마파크마저도 담을 수 있다.

그런데 20세기의 균질 공간에 문제가 생겼다. 글로벌 경제에서 실체 없는 전자 화폐가 가상 공간을 움직이게 되었다. 물리적인 공간의 실물 경제로는 이윤을 높일 수 없게 되자, 1990년대에 '전자 금융 공간'이 생겨났다. 물리적 공간을 떠난 거래. 이제 자본은 철골 구조와 커튼월로 만들어진 균질 공간과는 상관없이 가상 공간에서 자유로이 유통하게 되었다.

물류는 철도와 배가 담당했고, 항구와 역에는 물건을 쌓아두는 창고가 있었다. 그러나 이제는 정보 기술 때문에 창고에 물건이 체류하는 것 자체가 문제가 된다. 물류의 개념이 물건을 운반하는 것이 아니라, 물건에 관한 정보의 흐름을 붙잡는 것으로 바뀌었기 때문이다. 물건을 사러 돌아다니는 장소나 물류의 경로에 있던 시설은 변하거나 사라지고 있다. 이로써 창고는 물건을 쌓아두는 곳이 아니라 24

시간 가동하는 기계 장치가 되었다. 균질 공간은 가상 공간에 편입되었고, 도시의 흐름에서 결제하는 장소와 물건을 인수하는 장소만 남게 되었다. 이것이 자본주의의 길을 터준 균질 공간의 종점일 것이다.

현실 속에 있는 유토피아, 헤테로토피아

근대 건축이 균질 공간을 추구했다지만, 우리가 도시에서 실제로 보는 업무용 빌딩, 아파트 단지, 교외 주택지 등은 얼핏 보면 균질해 보여도 기능과 형태가 같아 보일 뿐 실제로 균질하지는 않다. 근대 사회의 차별화되고 배제된 공간은 자연적으로 생긴 것이 아니다. 근대 균질 공간의 이면에서 항상 기능과 형태가 다른 공간과 관계하며 존재하며 균질한 풍경을 만들어낸다. 앙리 르페브르는 이처럼 기능과 형태가 같은 공간을 '동역同域', '이소토피iso-topie'라고 했다.

반면에 땅과 그 위에 지어진 건물은 제각기 가격이 달라서, 가치가 높은 도심에는 업무용 빌딩이나 상업 시설이 있고 좋은 주거지에는 중산층 이상의 주택지가 있다. 권력의 여러 중심은 아무 장애 없이 구축될 수 있지만, 그것으로 배제되고 숨겨진 땅과 건물이 나타나게 된다. 르페브르는 푸코의 논의를 참고하여 이처럼 기능과 형태가 다른 공간을 '이역異域', '헤테로토피hétéro-topie'라고 불렀다.

푸코는 도시의 현실에는 다른 모든 장소와 관계하면서도 그들과 모순하는 이상한 장소, 모든 공간 바깥에 놓인 채 타자가 되어버린 공간, 규범과 표준 그리고 현재라는 시점으로 판단해 정상적인 공간이 아니라고 거부당한 공간이 있다고 했다. 실제 시설이나 제도 안에는 현실에 존재하면서 현실에서 벗어나게 해주는 장場이 있다. 그래서 이 공간은 현실 속에 있는 유토피아, 그 자체로는 현실을 투영하는 균질하지 못한 공간이다. 푸코는 이런 공간을 '헤테로토피아heterotopia'라고 불렀다.

헤테로토피아는 일상생활에 뿌리내리고 있지만 건축을 아름다운 예술로만 여기고 싶은 이들에게는 전혀 이질적이고 껄끄러운 공간이다. 그래서 푸코는 이런 공간을 '다른 공간'이라고도 불렀다. 헤테로토피아는 어느 시대에나 있다. 특히 근대에는 정신 병원, 감옥 같은 격리 시설, 홍등가, 묘지, 박물관, 도서관, 영화관, 전원 입사제 기숙사, 병사, 피난소, 유대인 거주 지구나 흑인 거주 지구, 피차별 마을처럼 배제되는 장소들이 많이 생겼다. 노동력을 발휘해야 정상인 근대 사회에서 노인은 노동력이 부족하므로 구별되고, 배제된 양로원에서 지낸다. 그래서 양로원은 헤테로토피아다.

근대 사회가 만든 헤테로토피아는 시장을 매개로 해 실제적인 균질 공간으로 변환되고 있다. 슬럼은 자본주의 사회에서 생겨난 저소득자들의 주거지로, 주변으로 밀려나고 배제된 공간이다. 그러나 역설적이게도 이렇게 배제된 공간이 자본주의의 정상적인 공간을 유지해준다. 또 슬럼은 재개발되어 기존의 정상적 공간을 강화한다.

미술관은 과거의 시간이 누적되는 시간의 헤테로토피아[1]다. 화이트 큐브white cube 미술관은 예술의 자율성을 보장하지만 주변과 단절된 비일상적 공간이다. 미술관은 관람자로 하여금 외부와 단절하고 감각을 민감하게 만든다. 이렇던 미술관이 이제는 자본주의 원리에 따라 화려한 대형 전시와 참가형 전시를 기획하며 마케팅, 브랜딩을 하고 있다. 배제된 공간이 시장을 매개로 자본주의의 정상 공간이 되고, 이를 유지하는 데 활용된다. 이제 미술관은 대중화된 관광지, 즐기는 장소이며, 관람자는 시민인 동시에 소비자가 되고 있다.

이와 달리 테마파크는 '시간과 일시적으로, 불안정하게 연계된' 헤테로토피아다. 테마파크는 입장료를 내지 않는 사람을 배제한다. 일단 들어가기만 하면 그곳은 위험한 바깥 세계로부터 격리된 안전한 장소가 되고 균질한 유토피아가 된다. 테마파크의 인공 환경을 모델로 도박을 합법화한 라스베이거스도 '다른 공간'이었다. 스펙터클한 테마파크는 도심과 교외의 쇼핑몰이라는 헤테로토피아를 만들었다. 이런 쇼핑몰이 이제는 역이나 공항 같은 공공 공간으로 깊숙이 들어와 있다. 파주와 김포 등지에 있는 아울렛 매장도 놀이공원을 모사한 헤테로토피아의 한 가지다.

테마파크나 쇼핑몰보다 훨씬 가까운 곳에도 헤테로토피아가 있다. 이를테면 '만화 카페'는 현대의 균질한 풍경 속에 있는 '다른 공간'이다. 대체로 역이나 버스 정류장 또는 상가 등 교통의 결절점에 자리해(이동의 관계), 만화를 보면서 먹고 마시고 쉬면서 잠시나마 번잡함을 벗어나는 곳(일시적인 정지의 집합)이다.[2] 침실 같은 개별실을 사적 영역으로 사용하는 동안만큼은 해방되지만, 반면에 혼자 있는 건 따분하다고 느끼는 사람들이 함께 머무는 곳

(닫히거나 반만 닫힌 휴식 배치)이다. 그러나 이곳은 자기 집처럼 시간을 소비하고 싶은 욕망을 시장으로 흡수하고 마는 또 다른 헤테로토피아다. 이렇게 바라본다면 얼마나 많은 '다른 공간'이 우리 주변에 점재하고 있는 것일까?

수집된 실내

절대 왕권은 도시 한복판에 탑을 세워 힘을 과시하고자 했다. 그러나 시민 혁명으로 절대 권력이 붕괴하고 19세기 후반에 이르자 산업이 크게 발전했다. 부를 소유한 시민 계급은 세력을 과시하던 귀족 사회에서 힘을 갖게 되었다. 경제적으로 여유가 생긴 시민 계급은 귀족 사회를 동경하며 부서진 권력의 단편을 모아들였다. 예스럽게 복제한 가구나 일상 용품이 가득 찬 허식의 실내에서 그들 부르주아의 꿈이 실현되었다.

합스부르크 시대에 에곤 프리델Egon Friedell은 이런 허영을 이렇게 비판했다.

그들의 가정은 거실이 아니라 전당포나 골동품 상점이었다.

발터 벤야민Walter Benjamin도 내부의 욕망, 실내의 욕망을 19세기 부르주아의 최대 욕망으로 지적했다.

> 금리 생활자에게 생활 공간은 작업장과 대립한다. 생활 공간은 실내에 형성된다. 그것과 짝으로 이루는 것이 사무실이다. 사무실 안에서 현실에 대응하는 금리 생활자는 제 환상에 빠져 즐길 수 있는 장을 실내에서 찾는다. … 실내는 예술의 피난소다. 실내에서 진짜 사는 사람은 수집가다. … 그는 사물에 사용 가치 대신 골동 가치를 부여하는 것에 지나지 않는다. … 실내는 금리 생활자에게 우주일 뿐만 아니라 그를 감싸는 그릇이기도 하다.[3]

19세기 부르주아는 상품을 수집하고 스스로 실내를 구성하고 실내의 욕망을 실현했다. 도시 근교에 살게 된 중산 시민 계급은 대량 생산되는 벽지, 직물, 카펫 등 장식물로 귀족의 생활을 모방했다. 가구는 새로 생긴 백화점에서 샀고 통신 주문으로 미국에서도 상품이 배달되었다. 자본주의 관점에서 상품은 교환 가치를 가진 것이다. 그러나 부르주아들이 집 안에 수집한 상품은 교환 가치를 잃고 폐물이 되고 말았다. 벤야민은 이렇게 폐물이 된 수집된 상품을 '좌절한 물질'이라 칭하며 부르주아들의 실내 공간은 '좌절한 물질'로 채워졌다고 지적했다.

자본주의 발달로 잡다하고 다양한 소비 상품이 일상에 침투했다. 19세기 빈의 부르주아 주택은 모든 벽면을 장식으로 가득 메우는 것이 유행했다. 당시 실내는 건축만이 아니라 미술품, 가구 등 모든 것이 한 가지 양식으로 아름답게 통일되어야 했다. 건물 외관이 빅토리안 스타일이면 내부 벽지와 바닥, 조명, 가구의 다리, 난간까지 빅토리안 스타일로 디자인했다. 문제는 계속 증식하고 완결되는 바로 이 통일된 양식이었다.

이질적인 것이 넘치는 실내를 피하려면 일단 이와 같은 통일된 장식을 깨끗이 청소해야 했다. 흔히 근대 건축은 장식을 없애고자 했다는 말을 많이 들었을 것이다. 그러나 이는 교환 가치를 잃은 상품을 건축과 분리하여 상품의 모습을 지우는 것이었다. 그러려면 건축은 가능한 한 중성적인 장이어야 했다. 이른바 근대 건축의 균질 공간이 이렇게 출현했다.

특히 미스 반데어로에는 사각형 유리 상자 같은 건축으

로 중성의 장을 완성했다. 이런 곳에서는 가구나 소품이 가볍게 부유한다. 그의 대표작 판스워스 주택은 사방이 유리로 닫힌 내부에서 바닥은 외부로 연속한다. 내부의 바닥에 식탁, 의자, 책상, 침대 등이 경쾌하게 놓인다. 가구의 섬세한 금속제 다리는 가구의 한 지점 또는 굽은 관만으로 바닥에 닿는다. 가구만이 아니라 벽도, 천장도, 모든 건축 요소는 내부 공간 전체에 부유하듯이 구성된다.

이렇게 건축과 상품은 분리되었다. 그러나 가구나 소품만 상품이 아니다. 벽과 천장을 포함한 건축 요소는 모두 자유로운 상품이 되었다. 실내 상품은 언제든지 교체할 수 있다. 근대 건축의 기능주의란 기능에 충실한 건축물을 만들겠다는 것이지만, 바꿔 말하면 이는 사용 가치에 근거해 건축 요소를 상품으로 만들겠다는 태도였다. 곧 근대 주택의 실내에는 자본주의 상품이 기능주의에 대응하며 자유로이 떠다녔다. 부유하는 건축 요소들도 언제든 바꿀 수 있는 이미지를 나타내도록 구성되었다. 근대 건축의 여러 요소는 화폐와 같이 디자인하려는 운동의 결과물이라고도 말할 수 있다.

1950년대부터 미국과 유럽에서는 소비자 붐이 일어 취향에 따라 실내를 만들게 되었다. 건축가나 실내 장식가가 쥔 주도권은 소비자에게로 옮겨갔다. 방법은 '선택'이었다. 미국의 실내 장식 매뉴얼 『실내 장식 전서The Complete Book of Interior Decorating』는 독자들에게 이렇게 조언했다.

> 색인 있는 스크랩북에서 시작하세요. 그것에서 마음에 드는 잡지 기사, 신형 기구 및 가구 광고물, 실내 사진, 색채 계획을 찾을 수 있습니다. … 두려워 말고 스스로 선택해 당신만의 취미를 표현하세요. 당신만의 가정이니까요.[4]

주택 실내의 초점은 부엌을 향했다. 부엌은 주부가 머무는 곳, 주부의 의무를 강조하는 기호였다. 1950년대에는 사무소 건축에 많이 쓰이던 개방 평면이 주택에 도입되면서 주택의 기능이 붙박이 가구와 기기로 정리되었다. 그중에서도 부엌은 1층 거주 공간을 통합하는 요소였다. 또 가전제품이 실내를 채우면서 주부를 노동에서 해방하고 자기 시간을 보낼 수 있게 해주었다.

1950년대에 들어 집을 짓기만 하면 팔리던 시대가 지나자 주택업자들은 디자인을 차별화했다. 주택은 소비재였다. 잡지 『아트 앤드 아키텍처Arts&Architecture』는 1940년대 후반부터 미국 서해안에 '케이스 스터디 하우스'라는 실험적인 주택 건축 프로그램을 제안했는데, 그 영향이 대단했다. 부엌 설비 패키지를 갖춘 주택, 부재 전체를 기성 제품 카탈로그에서 선택해 조립한 주택, 공장에서 조립한 철조로 세운 주택 등이 기획되었다. 준공한 주택은 일정 기간 일반에 공개해 협력사인 허먼 밀러나 크놀 가구, 자재 회사 등을 선전하는 장으로 쓰였다.

이 새로운 주택은 건축과 가구와 조경을 포함해 새로운 생활 방식을 제시했다. 사생활이 보장되는 중정에서 부유하는 거실, 외부에 놓인 파티오, 반사하는 수영장, 뛰노는 아이들을 지켜보는 내부의 식사 공간, 반투명한 소재 등을 수집해 보여주었다. 이런 주택은 가구나 인물이 배치된 사진과 잡지로 퍼져나갔다. 가장 유명한 사진은 광대한 로스앤젤레스의 야경을 바라보며 두 여성이 유리 상자 안에서 이야기하는 모습을 담은 코닝의 22번 주택 사진이다.

영국 작가 리처드 해밀턴Richard Hamilton이 〈도대체 무엇이 오늘의 가정을 그토록 다르고 매력적으로 만드는가?Just what is it that makes today's homes so different, so appealing?〉라는 콜라주 작품에서 적나라하게 보여주었듯이, 자본주의 상품과 미디어가 사적 공간과 공적 영역의 구분을 없애고 철저하게 실내로 침투했다. 19세기 부르주아는 상품을 수집하고 스타일로 편성했으나, 근대 주택의 자유로운 장에서 부유하는 기능적인 상품을 수집하고 소유하는 욕망은 변함이 없었다. 이 주택은 방을 넘어 주택 전체가 소비재가 되었고 우아하고 세련된 생활 방식과 소비 욕구를 자극했다.

격리와 익명의 건축 공간

오늘날의 건축과 도시는 격리가 기본 원리다. 19세기 전반 폭넓은 교역으로 사람과 물자가 빠르게 왕래하던 영국에서는 콜레라가 급속히 퍼졌다. 리버풀은 인구 23만 명 중 약 5,000명이 감염됐고 1,500명이 사망했다. 이에 1845년에는 실험적인 공중 목욕탕과 세탁장을 짓고, 1846년에는 공중목욕탕과 세탁장법을 만들었다. 이어서 1848년엔 유해물을 제거하고 질병을 예방하기 위해 공중위생법을 제정했다. 공중위생법을 배경으로 과밀 주거, 불완전한 배수 등 위생적이지 못한 주택을 확인하는 주거법이 생겼고 도로의 폭, 벽면선, 건물 주변 공지, 건물의 높이 등을 정한 건축법과 조례도 탄생했다. 역설적이게도 건축과 도시를 획기적으로 바꾼 제도는 무서운 감염병 때문에 생겨났다.

영국의 벤저민 리처드슨Benjamin Richardson이 1876년 출간한 『하이게이아, 건강 도시Hygeia, a City of Health』도 근대 도시 계획에 적지 않은 영향을 미쳤다. 공기 전염을 막기 위해 건물을 나눈 근대 병원처럼 도시를 16제곱킬로미터마다 기능별로 나눴다. 주거 지역, 공업 지역이라는 근대 도시 계획의 지역 지구제가 감염병을 방지하려는 위생 문제에서 비롯됐다. 인구를 고르게 분산하기 위해 격자 도로를 깔고 건물 간격을 일정하게 됐다. 똑같이 생긴 병원 스무 개를 같은 간격으로 배치하며, 병원에서 감염병이 발생하면 병실을 부수고 소독한 뒤에 새 병실을 다시 지어야 한다고 주장했다.

자본은 주택을 격리했다. 오늘날에는 거의 주목하지 않는 아주 유명한 주택 단지가 있다. 섬유 산업을 중심으로 하는 프랑스 북동부의 공업 도시 뮐루즈에 최초로 들어선 노동자 주택 '뮐루즈 노동자 주택 마을'이다. 프랑스 최초의 대규모 노동자 마을로 인구는 2,000명, 1853~1855년 사이에 1차 완성되었다.

이 주택은 주변에 밭을 두고 벽으로 확실히 나눈 뒤 서로 간섭하지 않도록 출입구를 모두 다르게 설치했다. 이런 배치로 주민들은 아무것도 공유하지 않고, 자기 가족만의 사생활을 보장받았다. 배치를 보면 같은 집이 같은 방향을 향해 평행으로 늘어서 있다.[5] 모든 집이 평등하다는 뜻이었다. 배치만 보면 평등한 듯 보이지만 사실은 완전히 격리된 주택이었다.

유형 중 한 가지는 이층집을 십자로 4등분해 주택 네 채를 만들었다. 그러나 네 채 모두 담장으로 막고 주위에 채소밭을 두었다. 또 다른 형태는 긴 건물을 세로로 이등분해 가구가 서로 등을 맞대며, 긴 채소밭을 지나 출입하게 했다. 한눈에 보이듯이 붙어 있긴 하지만 오직 한 가족만을 위한 주택이었다. 독립성이 강하고 매우 배타적이어서 이 마을에 사는 다른 가족은 만날 일이 없다. 한 집에 사는 가족도 프라이버시를 유지하려고 내부도 이등분하거나 사등분해 자는 곳과 식사하는 곳을 분리하고 부엌과도 분리했다. 한 가족에 한 주택, 이웃과의 격리, 사생활 보

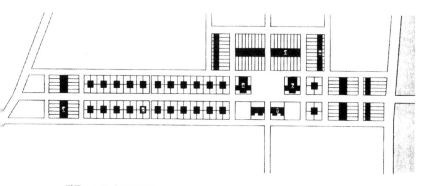

뮐루즈 노동자 주택 마을.
©中野隆生, プラーグ街の住民たち, 山川出版社, 1999, p.41.

호, 공동 생활이 없는 독립 주택. 오늘날 아파트의 문제
가 이미 170년 전 노동자 주택에 다 들어 있다.

그렇다면 노동자 주택을 왜 이렇게 격리해야 했을까?
계기는 1848년 파리의 2월 혁명이었다. 2월 혁명 이후 집
권한 제2제정은 노동자 주택 건설을 지원했다. 자본가들
은 노동자들이 위험한 계층이라고 느껴 불안해했고, 이
에 자기들과 대립하는 노동자들이 모이지 않게 하는 주택
을 계획했다. 당시의 노동자 주택은 정치적 의도에서 비롯
한 공간이었다.

특히 이 주택은 독립된 가족을 위한 것이었다. 자본가

들은 이웃과 소통하지 않는 분리된 공간에서 가족에만 충실하고 가정의 안락함을 즐길 수 있는 도덕적인 주택을 제공했다. 이런 주택은 내밀해야 했다. 외부인이 들어오면 안 된다. 계단과 복도와 공적 공간은 그곳에 사는 사람과 무관하며, 주택 단지를 운영하는 협회에서 관리한다. 노동자 주택은 자본가들이 철저하게 관리하는 공간이었다. 근대에서 시작해 오늘에 이르기까지 주택의 내밀함을 강조하는 것은 이렇게 시작했다.

이 마을은 노동자 스스로 만든 것이 아니다. 우수한 제품을 생산하려면 숙련된 노동자가 계속 일을 해야 하고, 자본가들은 그들이 갖고 싶어하는 주택으로 노동력을 관리하고자 했다. 자본가들이 노동자에게 주택을 거저 준 것이 아니다. 노동자는 매달 일정한 금액을 갚는 조건으로 집을 가질 수 있었다.

주택을 갖는 것은 노동자의 새로운 욕망이었다. 그들은 행복한 가정을 꾸리고 싶다는 가족의 욕망에 이끌려 모든 수고를 감내했다. 사적으로 소유하려는 욕망, 깨끗하고 쾌적한 집에 살고 싶다는 욕망, 아늑한 가족상을 실현하고자 하는 욕망, 세상에서 가장 안전한 안식처에 계속 살고 싶다는 욕망을 갖게 된 것이다. 집을 갖는 것이 곧 떳떳한 가장이 되는 길이라는 생각에 노동자는 매일 애쓰고 노동했다. 주부는 가족의 공간을 유지하려 애쓰고, 아이들도 집값을 갚는 데 보탬이 되려고 근면하게 집안일을 도왔다. 내밀한 주택은 이러한 가족의 욕망이 채워지는 곳이고, 이 분리형 주택에서 집에 대한 환상은 계속 확장된다.

주택을 소유한 노동자는 집과 땅에 귀속되어 유순한 노동자로 바뀌었다. 이것이 자본가들이 창안한 주택 계획의 목적이었다. 노동자가 주택을 소유하기까지 주택은 자본주의자들에게 여전히 자본으로 존재한다. 프리드리히 엥겔스Friedrich Engels가 주택 문제는 단지 노동자에게 주택을 제공하는 것만으로 해결되는 것이 아니라고 본 것도 이 때문이다. 주택은 소유 욕망을 낳고, 이 욕망으로 자본가와 노동자의 대립은 모호해진다. 그리고 그것이 20세기 자본주의를 움직이는 근간이 되었다. 지금은 아름답게 '건축은 사람을 담는 그릇'이라고 말하지만, 근대 노동자 주택에서 시작한 이 '그릇'은 생산성 때문에 가족, 격리, 배타, 내면화의 규칙을 따르는 종속 변수였다.

주택만 격리한 게 아니다. 건축은 제도가 요구하는 격

리를 공간으로 실현하는 역할을 한다. 건물 유형이 제도의 분류와 격리를 실천하는 것이라면, 주변 환경에 무심하게 서 있는 수많은 상자 모양의 건물은 일종의 격리 시설이다. 병원 건물은 환자를 공동체에서 배제하고 격리하는 근대의 의료 제도를 따랐다. 병원만 그럴까? 벽을 두고 바깥 사회로부터 아이들을 지킨다고 굳게 믿는 학교나 작품을 지키는 미술관도 교육 제도와 미술관 제도가 함께 만든 격리 시설이다. 미술관과 도서관은 '시간 밖에 있으면서 부식하지 않는, 모든 시간을 담아둘 장소'[6]이며, 영화관도 '이차원 평면에 삼차원 공간을 새로이 영사하는'[7] 격리 시설이다.

오늘날 우리는 모르는 이들과 함께 지하철에 몸을 싣고 빠르게 움직이며 산다. 더군다나 혼자 이동한다. 이렇게 이동하는 사이에 저 멀리 역의 식당에서 식사하고, 길모퉁이를 돌고, 길과 광장을 걷는다. 그만큼 도시에서의 활동 영역은 경계가 모호해질 수밖에 없다. 도시에서 나는 내 동네 사람만 보고 살지 않는다.

밀도 낮은 농촌에서는 프라이버시를 지키기에 충분한 거리를 두고 살 수 있다. 그러나 어쩔 수 없이 신체가 맞

닿는 과밀한 도시에서는 좁은 공간을 강요받는다. 과밀한 도시는 신체를 격리하게 만들고, 지나치게 가까운 물리적 거리가 사회적인 거리를 띄우게 만든다. 그 거리가 얼마나 짧으면 지하철 안에서도 아무도 얼굴을 마주 보지 않은 채 이어폰으로 자기만의 공간을 만들겠는가.

농촌에서는 인간관계가 깊고 지속적이며, 이웃에 관심이 많고 생활의 속도가 느리다. 그래서 농촌 공동체는 동심원적이다. 동심원적인 농촌 공동체를 기준으로 바라보면 도시는 공동체가 붕괴하고 있다. 그러나 도시는 다르다. 인간관계가 얕고 일시적이며 이웃에 무관심하고 익명으로 살며 생활 속도도 빠르다. 아파트는 과밀한 도시에서 익명 생활을 보장하는 주택이다.

지역에 근거하지 않고 이동하며 사는 동안 가까이 근접하는 이웃에 대해 할 수 있는 마지막 방법은 익명이 되는 것이다. 편리하고 쾌적하며 적당히 안전하지만 무표정한 대형 쇼핑몰에서 사람들은 어디에나 있는 물건을 산다. 이런 소비 공간에서는 몸만 같이 있을 뿐 시선은 서로 간섭하지 않는다. 공간도 소비자도 소통도 모두 균질하다. 그렇지만 이 공간은 동시에 아무도 없으면 불안해져 다른 이의 같은 행위를 확인해야 안심이 되는 곳이다. 20세기 자본주의 사회가 만들어낸 익명의 건축 공간이다.

군집과 개인을 담는 건축

'건축은 사람을 담는 그릇'이라고 할 때 사람은 누구를 말하는 것일까? 대체로 어떤 한 사람, 한 가족, 아니면 우리 동네에 사는 사람들을 떠올리며 하는 말일 것이다. 그러나 이 정도 개념으로는 오늘의 사회를 설명하기 어렵다. 사회는 집단이다. 가족, 학교, 회사, 또래, 동아리, 학급, 온라인 카페 또는 팬클럽 등이 모두 사회 집단에 속한다. 이들은 소속감과 공동체 의식을 가지고 지속적으로 상호 작용하는 사람들의 모임이다.

지하철 플랫폼에서 열차를 기다리며 통로를 메운 사람들, 차를 갈아타려고 움직이는 사람들, 백화점 푸드 코트나 버스 터미널을 오가는 사람들, 영화관의 관객들 등은 서로 모르는 채로 몸을 밀착하며 떼지어 움직인다. 우연히 한 장소에 모였지만 서로 무관심할 수밖에 없는 사람들의 무리를 군집群集, crowd이라 한다.

군집은 일정한 사회적 존재 방식인 집단과 다르다. 사회

202

학에서 군집이란 불특정 다수가 공통의 관심을 바탕으로, 비교적 한정된 지역의 같은 공간에 명확한 목적의식이 없이 일시적으로 같이 있거나 같은 방향으로 움직이는 비조직적인 집단이다. 군집은 한곳에 모이는 사람들의 무리 또는 모임이지만, 소속감과 공동체 의식을 가지고 지속적으로 상호 작용하는 사람들의 결합체가 아니므로 사회 집단이 아니다. 또 이들은 군중도 아니다.

군집은 근대 이후의 도시 환경에 대응하는 사람들의 집합체다. 밀착하고 밀집했으나 서로 냉담하고 무관심한 이 속에서 개인의 흔적은 사라진다. 그 안에서 개인은 자유롭고 무관심한 존재다. 나는 그 안의 누군가와 달리 특정한 존재도 아니다. 그러나 역설적으로 개인은 수많은 타자 속에서 아무도 아닌 동시에 누군가일 수 있는 자신을 발견한다. 군집은 타인과 어느 정도 인접하는 사람들의 비조직적인 집단이다.

군집은 집단으로 파악할 수 없는 현대 사회의 중요한 단면이다. 상품화된 도시 공간 또는 상품이 전시된 공간에 나타나는 사람들은 군집을 이룬다. 유통되는 상품은 특정인을 향한 것이 아니라 아무도 아닌 누군가를 위해 대량 생산된 것이듯이, 군집은 일시적이나마 타자가 되어 가로나 역, 백화점 같은 도시 공간을 점유한다. 백화점이 나타나기 전에는 개별 손님을 위해 상품을 만들었지만, 백화점에서는 상품이 군집에게 전시된다. 박물관이나 미술관의 유물과 작품도 본질적으로는 군집에게 전시되는 시설이다.

이전 기준으로 보면 군집은 공동체를 해체하고 있다. 도시의 일상을 살아가는 사람들은 공동체로서 공간에 함께하는 것이 아니라 군집으로서 머문다. 공동체의 '우리'가 아니라, 타자인 군집 상황을 공유하는 '우리'로서 함께한다. 현실적으로 군집은 엄연히 근대 이후의 사회적 형식이다. 따라서 현대 건축에서는 모인 사람을 종래의 이상적인 공동체로 해석할 일이 아니다.

1970년대에 건축가 로버트 벤투리Robert Venturi는 『라스베이거스에서 배우는 것Learning from Las Vegas』에서 이렇게 말했다.

우리가 노력한다고 건축적 기념비성을 얻는 게 아니다. 과거 건축에서는 규모가 크고 통일된 상징 요소로 공동체의 응집력을 표현했다. 그러나 오늘날에는 돈과 기술로 기념비성을 얻을 수 없다. 다음과 같은 사실을 인정해야 한다.

사유의 새로운 지평

Philos 시리즈

인문·사회·과학 분야 석학의 문제의식을 담아낸 역작들
앎과 지혜를 사랑하는 사람들을 위한 우리 시대의 지적 유산

arte

Philos 001-003
경이로운 철학의 역사 1-3

움베르토 에코·리카르도 페드리가 편저 | 윤병언 옮김

문화사로 엮은 철학적 사유의 계보

움베르토 에코가 기획 편저한 서양 지성사 프로젝트
당대의 문화를 통해 '철학의 길'을 잇는 인문학 대장정

165*240mm | 각 904쪽, 896쪽, 1,096쪽 | 각 98,000원

Philos 004
신화의 힘

조셉 캠벨·빌 모이어스 지음 | 이윤기 옮김

왜 신화를 읽어야 하는가

우리 시대 최고의 신화 해설자 조셉 캠벨과
인터뷰 전문 기자 빌 모이어스의 지적 대담

163*223mm | 416쪽 | 32,000원

Philos 005
장인: 현대문명이 잃어버린 생각하는 손

리처드 세넷 지음 | 김홍식 옮김

"만드는 일이 곧 생각의 과정이다"

그리스의 도공부터 디지털 시대 리눅스 프로그래머까지
세계적 석학 리처드 세넷의 '신(新) 장인론'

152*225mm | 496쪽 | 32,000원

Philos 006
레오나르도 다빈치:
인간 역사의 가장 위대한 상상력과 창의력

월터 아이작슨 지음 | 신봉아 옮김

"다빈치는 스티브 잡스의 심장이었다!"

7,200페이지 다빈치 노트에 담긴 창의력 비밀
혁신가들의 영원한 교과서, 다빈치의 상상력을 파헤치다

160*230mm | 720쪽 | 68,000원

Philos 007
제프리 삭스 지리 기술 제도:
7번의 세계화로 본 인류의 미래

제프리 삭스 지음 | 이종인 옮김

지리, 기술, 제도로 예측하는 연결된 미래

문명 탄생 이전부터 교류해 온 인류의 70,000년 역사를 통해
상식을 뒤바꾸는 협력의 시대를 구상하다

152*223mm | 400쪽 | 38,000원

Philos 근간

*** **뉴딜과 신자유주의** (가제)
신자유주의가 어떻게 거의 반세기 동안
미국 정치를 지배하게 되었는지에 대한 가장 포괄적인 설명
게리 거스틀 지음 | 홍기빈 옮김 | 2024년 5월 출간 예정

*** **크랙업 캐피털리즘** (가제)
재러드 다이아몬드 『총, 균, 쇠』의 역사 접근 방식을
자본주의 역사에 대입해 설명한 타이틀
퀸 슬로보디언 지음 | 김승우 옮김 | 2024년 6월 출간 예정

*** **애프터 더 미라클** (가제)
40년 만에 재조명되는 헬렌 켈러의 일대기
인종, 젠더, 장애⋯ 불평등과 싸운 사회운동가의 삶
맥스 윌리스 지음 | 장상미 옮김 | 2024년 6월 출간 예정

*** **플러시** (가제)
뜻밖의 보물, 똥에 대한 놀라운 과학
분변이 가진 가능성에 대한 놀랍고, 재치 있고, 반짝이는 탐험!
브리 넬슨 지음 | 고현석 옮김 | 2024년 6월 출간 예정

*** **알파벳의 탄생** (가제)
인류 역사상 가장 중요한 발명품, 알파벳에 담긴
지식, 문화, 미술, 타이포그래피의 2500년 역사
조해나 드러커 지음 | 최성민 옮김 | 2024년 7월 출간 예정

*** **전쟁의 문화** (가제)
퓰리처상 수상 역사학자의 현대 전쟁의 역학과 병리학에 대한
획기적인 비교연구
존 다우어 지음 | 최파일 옮김 | 2024년 8월 출간 예정

*** **종교는 어떻게 진화하는가** (가제)
종교의 본질, 영장류와 인간의 유대감 메커니즘에 관한
학제 간 연구
로빈 던바 지음 | 구형찬 옮김 | 2024년 10월 출간 예정

Philos 018

느낌의 발견: 의식을 만들어 내는 몸과 정서

안토니오 다마지오 지음 | 고현석 옮김 | 박한선 감수·해제

느낌과 정서에서 찾는 의식과 자아의 기원

'다마지오 3부작' 중 두 번째 책이자 느낌─의식 연구에
혁명적 진보를 가져온 뇌과학의 고전

135*218mm | 544쪽 | 38,000원

Philos 019

현대사상 입문: 데리다, 들뢰즈, 푸코에서
메이야수, 하먼, 라뤼엘까지 인생을 바꾸는 철학

지바 마사야 지음 | 김상운 옮김

인생의 '다양성'을 지키기 위한 현대사상의 진수

이해하기 쉽고, 삶에 적용할 수 있으며,
무엇보다도 마음을 위로하고 격려하는 궁극의 철학 입문서

132*204mm | 264쪽 | 24,000원

Philos 020

자유시장: 키케로에서 프리드먼까지,
세계를 지배한 2000년 경제사상사

제이컵 솔 지음 | 홍기빈 옮김

당신이 몰랐던, 자유시장과 국부론의
새로운 기원과 미래

'애덤 스미스 신화'에 대한 파격적인 재해석

132*204mm | 440쪽 | 34,000원

Philos 021

지식의 기초: 수와 인류의 3000년 과학철학사

데이비드 니런버그·리카도 L. 니런버그 지음 | 이승희 옮김 | 김민형 추천·해제

서양 사상의 초석, 수의 철학사를 탐구하다

'셀 수 없는' 세계와 '셀 수 있는' 세계의 두 문화,
인문학, 자연과학을 넘나드는 심오하고 매혹적인 삶의 지식사

132*204mm | 626쪽 | 38,000원

Philos 022

센티언스: 의식의 발명

니컬러스 험프리 지음 | 박한선 옮김

따뜻한 피를 가진 것만이 지각한다

지각 동물, '센티언트(Sentients)'의 기원을 찾아가는
치밀하고 대담한 탐구 여정

135*218mm | 340쪽 | 30,000원

오늘날 우리의 대성당이란 회중석이 없는 경당과 같고, 극장과 야구장을 차치하고라도 이따금 사용하는 큼직한 공동체 공간은 얼굴조차 모르는 익명의 개인이 모인 군집^{crowds} 공간임을.[8]

대성당이란 본래 신앙 공동체가 모여 미사를 드리는 곳이다. 오늘날에는 대성당 대신 그저 크고 텅 빈 공간, 스펙터클한 예능과 스포츠 상품을 파는 극장이나 야구장이 나타났다. 벤투리의 말은 이런 공간은 소속감과 공동체 의식을 가지고 모이는 공동체의 건축물이 아니므로, 서로 모르는 사람들로 가득 찬 군집의 건축물에 눈을 돌려야 한다는 뜻이다.

상품이 된 주택과
주거 계급

소비되는 건축

지하철을 타고 학교나 직장에 갔다가 돌아오는 길에 역에서 가까운 서점에 들른다. 그다음 쇼핑몰에서 쇼핑을 하다가 가까운 프랜차이즈 식당에서 저녁 식사를 하고 집으로 돌아간다. 도시인들의 흔한 일상이다. 어디서나 '복제'와 '덮어 쓰기'로 똑같은 소비 장소가 증식하고 있다. 그뿐인가? 업무용 빌딩, 아파트 단지, 다세대 주택, 상가 등도 모두 소비 대상이 되고 말았다.

이런 일상 풍경을 획일적이다, 따분하다고들 하는데 사회를 뒤덮은 소비 장치는 자본의 논리가 만든 것들이다. 사람마다 생각이 다르듯 도시마다, 지방마다 제각기 문화가 있어야 마땅한데도 어디에나 밋밋한 소비 장소가 생겨나고 있다. 교육만 평준화되는 것이 아니라 도시도 평준화하며 진정성을 잃어간다. 그런데도 우리는 모든 상황을 당연하게 여기며 익숙하게 받아들이고 있다. 이렇게 하여 개성 없고 정체성 없는 소비 장치는 세계화를 배경으로 전 세계에 증식하고 있다. 건축가 렘 콜하스Rem Koolhaas는 근대화 과정에서 생겨난 이런 공간 장치를 '잔류 공간junkspace'이라 불렀다. 인간이 우주에 뿌려놓은 우주 폐기물space junk을 바꿔 인간이 지구에 남긴 잔류물이라는 뜻이다.

20세기 건축은 '자유'와 '평등'이라는 이데올로기를 동력으로 세계를 근대화했다. 그런데 근대화는 '상품'에 의지한 자본주의 경제 발전의 다른 말이다. 산업을 유지하고 이익을 얻기 위해 빠른 속도로 생산하고 소비한다. 기술 혁신으로 제품의 기능은 날로 새로워지고, 바로 직전 제품은 곧바로 시대에 뒤떨어진다. 무수한 이미지가 제품에 동원되어 소비를 촉진한다. 그만큼 소비 주기는 짧아지고 사람들은 소비자로 고정되며, 세계는 나와 무관한 사물로 넘쳐난다. 이전에는 포드 자동차가 소비재였다면, 이제는 백화점 같은 소비 건물 유형이 나타났다. 이윽고 대량 생산되는 주택은 소비하다 되파는 상품이 되었고, 건축은 패션처럼 소비의 장이 되었다.

경제학은 생산과 소비에만 관심 있을 뿐 제품을 어떻게 사용하는지에는 관심이 없다. 경제학에서 물건은 상품이고 상품은 팔고 사면 그것으로 끝이다. 개인이나 가족은 계속해서 소비한다. 20세기에 들어 도시에 사는 사람들을 주민 또는 시민이라 불렀으나, 20세기 후반에 시민은 곧 소비자가 되었다. 소비자는 소비 욕구를 충족할 공간을 요구하고, 도시는 소비 공간으로 가득 차버렸다.

경제학은 건축물이 긴 시간 사용되는 데는 관심이 없다. 경제학에서 건축물은 내구 소비재다. 못쓰게 된 것은 부수고 새로 짓는 것을 '스크랩 앤드 빌드scrap and build'라고 하는데, 집 특히 아파트조차도 그런 대상으로 여긴다. 이런 아파트를 개인적이고 이기적인 주택이라고 비판하면서도 경제학의 이상이 개인주의에 있다는 사실에는 아무도 이의를 달지 않는다.

소비자는 '일상을 반영하는 브랜드'라는 마케팅이나 광고에 자주 나오는 말이다. 욕구에 따라 물건을 사고 브랜드를 선택하며 만족하는 사람이 소비자다. 오늘날 건축물은 소비 욕구, 물건, 브랜드로 파악되며, 이를 소유하고 사용하는 사람은 소비자다. 아파트 건설사는 공급자고 그 집을 사는 사람은 소비자가 된다.

그러나 유감스럽게도 우리의 일상은 생산과 소비로만 나뉘지 않는다. 물건이나 서비스를 소비하는 사람도 음악을 듣고 사람들과 이야기를 나누고 즐겁게 놀고 싶어 한다. 생활이란 물건이나 서비스를 소비하며 욕구를 만족하는 데서 머물지 않으며, 생각과 실현하고 싶은 꿈, 자기다움을 표현하는 것도 포함한다. 일상은 일방적으로 공급할 수도 없고, 일방적으로 소비하고 소모하는 것도 아니다. 미술관이나 학교를 두고 '소비한다', '고객'이라고 말하지 않는다. 그래서 다면적인 생활을 영위한다는 의미로 '생활자'라는 말이 생겼다. 일상생활은 소비 대상이 아니라는 뜻이다.

소비재란 개인이 직접 소비할 목적으로 구입한 재화다. 소비자가 구입하고 이용한다고 해서 소비자재라고도 하고, 사람들의 욕구를 만족시킨다는 의미에서 직접재, 완성재라고도 한다. 소비재는 일시적 소비재와 내구 소비재로 나뉜다. 일시적 소비재는 소비 행위 한 번으로 소모하는 것이고, 내구 소비재는 한번 사면 오랫동안 쓰는 텔레비전, 에어컨, 자동차, 전화기 등을 말한다. 건축물은 자동차와 마찬가지로 내구 소비재다. 그러나 건축물은 휴대 전화나 가전 제품과는 비교할 수 없을 만큼 수명이 길다. 건축은 대단한 내구성을 지닌 사물이며, 그만큼 다른 사물과는 비교할 수 없는 영향력을 가지고 있다는 뜻이다.

그럼에도 근대 이후 건축물은 상품의 길을 걸어왔다. 건축은 아주 커서 완성하는 데 비용이 많이 든다. 아주 비싼 상품이다. 근대 건축의 커다란 주제는 벽으로 사람과 공간을 자유롭게 나누는 데 있었다. 그런데 이렇게 나눈 공간은 상품으로 변환되었다. 호텔은 창 너머로 보이는 경관과 함께 공간과 서비스를 파는 시설이다. 이를 닮은 아파트는 호텔보다 길게 머무는 공간으로 상품화되었다. 사무실과 호텔을 합친 오피스텔은 한 공간에 업무와 숙식을 동시에 해결하는 상품으로 사고파는 건축물이다. '정확하고 객관적인 데이터로 소비자의 상품 선택을 돕는다'는 선전은 과장이 아니다. 상품의 길을 걸은 건축의 모습을 정확하게 요약한 것이다.

1968년 파리 5월 혁명으로 근대 프로젝트가 종언을 맞으면서 자본의 일관된 논리가 건축을 완전히 장악했다. 1960년대에는 부동산이 동산처럼 바뀌었고, 토지뿐만 아니라 건축 공간도 매매되는 현상이 전 세계에서 나타났다. 르페브르는 이것을 '사회적 총공간의 상품화'라고 규정했다. 건축이 공간 상품으로 매매되기 시작했다는 말이다. 1970년대 이후에는 계량할 수 있는 공간은 물론이고 건축의 이미지마저도 상품화되기에 이르렀다. 공간도, 거리와 시간도 상품이 되었다. 도시 공간이 상품화되었다고 해도 이상할 것이 없다. 철도, 지하철, 버스 등도 불특정 다수를 상대로 거리와 시간을 팔고 사는 것이기 때문이다.

주택은 주거 서비스뿐만 아니라 자본 이득을 창출하는 자산이기도 하다. 건축물에는 내구 연한이 있다. 철근 콘크리트로 지은 건축물을 경제적으로 사용할 수 있는 법정 연한이 평균 40년이지만, 경제 원리에 따라 생산과 소비 측면에서 보면 아파트의 수명이 짧을수록 일거리가 많아진다. 내구 연한을 짧게 잡아야 재건축하기가 쉬우므로 아파트를 굳이 100년이나 버티게 지을 필요가 없다. 주택 수명은 영국이 140년, 프랑스와 독일이 80년, 미국이 100년인 데 반해 우리나라는 30~40년으로 보며, 건물을 내구 소비재로 여기고 있다. 1977년 도입된 선분양 제도로 건설 회사가 제품 경쟁력보다 원가 절감, 이윤 극대화를 추구했기 때문에, 30년 정도 지나면 안전을 위협할 만큼 내구성이 약해졌다. 30~40년이 지나면 가치도 점차 0에 가까워진다. 한 세대가 지나면 주택도 없어진다는 말이다.

주택은 이미지 상품이다. 장 보드리야르Jean Baudrillard는 경제 성장을 이룬 선진 소비 사회에서는 상품을 기능이 아니라 타자와의 차이를 낳는 기호(정보)로 선택한다고 지적했다. 이때 상품은 물건만이 아니라 정보, 문화, 서비스 등도 모두 포함한다. 소비 사회 이전에는 가방을 사더라도 튼튼하고 오래 쓸 수 있는 것을 골랐지만, 소비 사회에서는 품질이 같아도 이에 브랜드라는 기호가 더해져 가치가 올라간다. 상품은 본래의 목적을 넘어 유명인이 사용하는 것, 빈티지, 회원제, 상품의 역사나 이야깃거리 등 차별적인 기호로 변하며 소비욕을 자극한다.

2000년까지도 어촌에 불과하던 두바이는 불과 20년 만에 자본이 과도하게 집적된 세계 최고의 금융 도시, 유흥 도시로 변신했다. 세계 최대 쇼핑몰, 세계 최고층 건물,

세계 최대 인공 섬, 세계 최고급 호텔, 실내 스키장, 세계 최대 식물원 등이 두바이에 막대한 관광 수입을 안겨주었다. 2016년 관광객이 두바이에서 쓴 돈은 무려 33조 원에 이른다. 2008년 글로벌 금융 위기를 이후에는 도시 전체를 미래 전시장으로 바꿨다. 두바이 경제의 20퍼센트를 부동산과 건설 부문에 쏟아부어 도시 전체를 상품으로 만들었다.

그러나 두바이는 마스터플랜 없이 지어졌다. 보행자의 편의나 대중 교통을 중심으로 한 기반 시설 없이 고액 소득자와 여행자의 편리성만 고려해 자가용을 우선으로 교통 시스템을 계획했다. 그리고 이전부터 살아온 원주민, 도시를 뒷받침하는 계층을 위한 복지와 편의는 전혀 고려하지 않았다. 그런데도 우리나라에는 두바이에 무비판적으로 찬사를 보내며 마치 우리 도시와 건축의 희망인 양 여긴다. 수많은 정·재계 인사들, 특히 해안을 끼고 있는 도시들이 두바이를 벤치마킹했다. 그만큼 우리 사회가 건축을 소비 상품으로 바라보고 있다는 뜻이다.

소비 사회와 특히 밀접한 것이 패션이다. 2000년대에 프라다나 루이 비통 같은 기업은 패션 브랜드가 추구하는 것, 고객에게 보내는 메시지를 공간으로 표현했다. 본사에 건축 디자인 전문 부서를 두고 전 세계의 점포 디자인을 관할하면서 건축으로 정체성을 강조하겠다는 전략이다. 이들에게 건축은 단순한 매장이 아니다. 공간으로서 브랜드의 메시지를 발신하고, 고객도 공간을 브랜드로 읽는다는 미디어적 성격을 이용해 건축을 브랜드를 강화하는 수단으로 사용하고 있다. 이를 두고 건축이 소비 커뮤니케이션 사이에 있게 되었다고도 하지만, 자본주의 관점에서 보면 결국 건축과 소비 사회는 공범 관계다.

먼 옛날 신전이나 왕의 건축은 영원한 건축이었지 소비된다는 생각은 털끝만큼도 하지 못했다. 우리나라의 '작가 건축가'들은 이런 전통을 이어받아 자기 건축이 시민을 위한 건축이라고 말하기를 좋아한다. 그리고 재래 시장, 동네 골목, 거리, 광장으로 가는 사람은 성실한 '시민'이라 말한다. 반면 쇼핑몰이나 아울렛, 백화점, 대형 할인 매장에 가는 사람은 경박한 '소비자'라고 부른다. 경제 원리를 따르는 사회는 비판할 줄 모르면서 건축은 소비하는 것이 아니라고 믿으며, 건축을 윤리적, 미학적으로 치장하는 것에 만족하기 때문이다. 그래서 질문은 계속

된다. 도시에 사는 사람이 소비자가 아니라면 소비되지 않는 건축은 과연 어떤 것인가? 반대로도 묻자. 도시에 사는 사람을 소비자로 본다면 이 사회를 향해 건축은 무엇을 할 것인가?

소비되는 건축가

파리 서쪽 불로뉴 숲에 빌바오 구겐하임 미술관을 지은 프랭크 게리Frank Gehry가 루이 비통 재단 미술관을 설계, 2014년에 완성했다. 전시 공간은 보통 네모난 상자 모양이지만 날개 같은 거대한 유리 구조물로 이를 덮었다. 2019년에는 같은 건축가가 서울 청담동 매장을 대대적으로 리모델링해 플래그십 스토어 '루이 비통 메종 서울'로 재개장했다. 날개 같은 구조물은 도포 자락 휘날리며 우아하게 움직이는 동래 학춤 동작에서 영감을 얻었다고 설명했다. 그렇다면 동래 학춤은 파리와 빌바오 구겐하임에서도 모티프였을까? 두 건물의 조형성은 영감의 출처와는 아무 관계가 없다. 이는 단지 건축가 프랭크 게리의 브랜드이고, 루이 비통이 사들인 그 브랜드가 서울에서 소비되었을 뿐이다.

이처럼 1990년대 이후 스타 건축가가 극단적으로 알기 쉬운 조형성으로 설계한 건축을 '아이콘 건축'이라고 부른다. 찰스 젱크스Charles Jencks의 『아이코닉 빌딩Iconic Building』이라는 책에서 비롯된 용어다. 균질해진 도시 경관 속에서 정체를 알 수 없는 이미지가 압축된 형태로 눈길을 끄는 '아이콘 건축'은 자본주의의 차별화 전략에서 생겨난 것이다. 자하 하디드Zaha Hadid, 프랭크 게리(빌바오 구겐하임 미술관, 내셔널 네덜란덴 빌딩), 렘 콜하스(CCTV 본사) 등의 건축이 대표적이다. 이런 건축은 대지 조건, 땅의 역사나 풍토, 주변 환경, 예산, 실제 사용자가 중요하지 않다. 특유의 조형미와 역동감을 앞세워 저명 건축가의 작품이라는 것만으로 브랜드가 된다.

'아이콘 건축'의 건축주들은 소비를 실현하려는 글로벌 자본가들이다. 따라서 '아이콘 건축'은 작품이면서 글로벌 자본의 상품이고, 건축가는 정치적인 계획으로 선정된 브랜드다. 실상은 자본주의의 욕망, 마케팅으로 소비되어 건축이 국가 권력과 자본 논리로부터 도망갈 수 없다는 위기감을 드러내는 결과물들이다. 이런 의미에서 이들의 건축은 시대를 표상하는 건축일 수는 있지만, 권력 자본에 쉽게 회수되고 말 가능성이 많은 건축이기도 하다.

세계적 건축가란 유명한 것만이 아니라, 세계 건축의 이념을 주도하고 실현하는 건축가여야 한다. 근대 건축의 영웅 시대 거장들은 사상가이자 실천가였고 이들의 이념은 널리 공유되었다. 그러나 브랜드 건축가는 자본주의가 소비하는 스타 건축가이지, 세계적 건축가는 아니다.

자본의 힘이 점점 강해지는 시대에 개인이나 기업의 욕망을 실현하는 건축물의 브랜드화는 개발 프로젝트에서 최단 시간에 어떻게 최대 이익을 얻을지 골몰하는 주식 투자와 다를 바 없다. 건축주와 건축가의 관계가 적나라하게 드러난다. 결국은 자본과 경제의 문제다.

프랑스 경제학자 토마 피케티Thomas Piketty는『21세기 자본Capital in the Twenty-First Century』에서 재산 성장률과 임금 성장률의 격차가 18세기부터 점차 크게 벌어졌는데, 양차 세계대전 사이에 임금 성장률이 재산 성장률보다 높게 지속되었다고 지적한다. 산업혁명 이후 축적된 부의 스토크(stock, 기존 건축물과 도시 공간이라는 비축물)가 두 차례의 세계대전으로 파괴되었기 때문이다. 이는 적극적으로 경제에 개입하는 '큰 정부'가 자본 격감, 인플레이션이나 급격한 경제 성장이 두려워 경제에 개입한 결과였다.

과도하게 축적된 자본으로 생산 능력은 크게 늘었지만, 수요가 줄자 경제 성장에 제동이 걸렸다. 석유 가격이 급상승하며 전 세계 물가가 폭등하자 이번에는 '작은 정부'가 되어 경제 개입을 최소로 줄였다. 이에 시장 원리에 맡기는 신자유주의가 나타나 1980년대 말부터 전성기를 구가했다. 하지만 1990년대 이후 빈부 격차가 확대되고 금융 위기가 닥치면서 신자유주의의 영향력은 쇠퇴하기 시작했다. 건축가의 소비적 이미지는 이러한 현상과 관계가 매우 깊다.

1960~1970년대 우리나라도 '큰 정부'가 건축을 관장하고 상징적인 건축을 많이 지었다. 그래서 건축가는 국가의 계획을 수행하는 공적인 이미지가 강했다. 그러나 1990년대부터는 국가가 한발 물러나고, 1960년대 대규모 인프라 건설로 이윤을 남긴 대기업 건설사가 아파트 단지 건설에 뛰어든 이후 민간 기업의 발주량이 늘면서 건축가의 공적인 이미지는 크게 약해졌다.

건축가의 위치는 발주 방식에 그대로 나타난다. 예전에는 설계와 시공을 분리해 발주하는 것이 원칙이었다. 설계

자는 발주자를 대신해 공사 감리까지 맡음으로써 건축 전체를 책임졌다. 그러나 국내 공공 건축이 주어진 예산으로 원하는 품질을 얻으려고 설계와 시공을 일괄해 건설 회사 등 건설 공동 기업에 발주하고, 이들이 건축가를 데려오는 형식을 취하면서 설계의 전 과정을 관리 감독하고 있다. 우리나라에서는 이를 '설계 시공 일괄(턴키, turnkey) 방식'이라 한다. 공공 건축물을 짓는 공공 기관이 효율을 최우선 삼은 결과, 건축가를 건설 회사의 하위로 만들어버렸다. 턴키 방식 도입으로 건설 회사는 건축가를 브랜드로 사용할 뿐 최종적으로는 디자인이나 마감 권한을 주지 않는 수법이 자리 잡고 말았다.

이로써 아파트 설계는 대부분 대형 설계 회사가 하되 사실상 주도권은 시공사가 주도하므로, 건축가들은 시공 회사의 자본에 종속되었다. 이런 건축 붐 속에서 건축가들은 포스트모던 자본주의를 멸시하며 욕망과 허영의 건축으로부터 독립하는 듯한 움직임을 보였다. 그러나 영향력은 미미했다. 오히려 2010년대에는 건축의 자주성을 주장하던 아틀리에 건축가들이 대형 아파트 단지를 구역별로 나눠 설계함으로써 건축가 브랜드 역시 아파트라는 상품에 동승하고 말았다.

건축의 영역이 국가적인 공공성에서 사적 자본으로 옮겨 간 계기는 민간 자본 투자Project Financing 사업 때문이었다. 대규모 자금이 필요한 사업에서 장차 벌어들일 수익을 예측해 사업비를 무담보 신용 대출해주는 금융 기법이다. 한편 민간이 정부를 대신해 공공 시설을 건설하는 임대형 민간 투자 사업Build-Transfer-Lease도 등장했다. 정부가 예산이 부족한 대규모 정부 사업을 추진하거나 경기 회복을 목적으로 민간 자본을 끌어들이는 방식이다. 민간이 공공 시설을 짓고, 완공 시점에 소유권을 정부에 이전하는 대신, 시설을 정부에 임대하고 임대료를 받아 시설 투자비를 회수한다. 국가가 민간 자본으로 공공 건물 등을 짓는 것이다. 이를 기점으로 우리나라 건축은 자본 시장 한가운데 놓이게 되었다.

그러나 건축가의 역할은 건축주의 요구를 충실히 따르는 데만 있는 것이 아니다. 프로젝트가 커질수록 건축물은 공공성이 강해지므로, 대규모 자금을 조달한 기업은 위험성을 낮추기 위해 프로젝트를 성공시킬 브랜드 건축가를 더 많이 끌어들였다. 여기서 모순이 일어난다. 일이 많아진 스타 건축가는 창의적 발상에 한계가 오기 마련이므로 반복해 사용할 만한 자기만의 브랜드 건축을 만들게 된다. 피케티는 자본주의의 자기 운동에 맡겨진 세계가 크게 양분화한다고 하는데, 그 예측대로라면 종래의 건축가상은 사라지고 성공한 브랜드 건축가와, 소규모 건물의 설계·시공을 모두 하는 이른바 '아키텍트 빌더architect-builder'로 양분될 것이다.

건축가는 국가가 인정하는 정규 대학을 나와 국가가 의뢰하는 건물을 설계할 때 가장 공적이었다. 이런 건물은 대중이 사용하기 때문에 건축가의 지위도 특권적이었다. 그러나 사정이 크게 바뀌었다. 건축가라는 직업이 본래 사적인 데다, 더욱 커지는 민간 자본을 위해 작업을 계속하는 이상, 전처럼 공공성을 띠기는 점점 더 어려워지고 있다. 또 건축은 건축가가 자기를 표현하는 작품도 아니며, 자기 예술도 아니다. 그런데도 일부 건축가들은 사회로부터 자립한 건축, 예술이어야 할 건축, '무슨무슨' 미학의 건축이라며 사적인 영역을 구축하고 있다. 이 역시 결국은 자신의 건축 브랜드를 형성하려는 수법일 따름이다.

상품이 된 주택

유럽은 정부나 지자체가 공급하는 임대 주택의 비중이 크다. 그러나 미국은 증가하는 인구 문제를 교외 주택 건설로 해결하고자 했다. 교외 주택은 '파크', '가든', '빌리지' 등의 단지 이름이 나타내듯 성공한 사람들의 이상적인 가족상과 공동체 실현을 표방했다. 그야말로 교외 주택은 집을 갖고 싶다는 모두의 꿈을 실현해주는 것이었다.

이런 곳에 사는 사람들은 땅을 마련해 집을 지을 수 있으며, 비싼 교통비를 지불하면서 도심에 있는 직장에 통근할 정도로 경제적 여유가 있는 사람들, 비교적 윤택한 시민층이었다. 임금이 적은 노동자는 교외 주택과 아무런 관계가 없었다. 그런데 이런 행복을 한 번에 살 수 없는 노동자에게 주택 융자금이 주어졌다. 융자 제도 덕에 주택은 부동산 개발업자나 주택업자의 상품이 되었고, 노동자는 유토피아와 같은 곳에 제집을 갖는다는 행복을 얻을 수 있었다. 다만 도시 노동자들이 융자를 다 갚으려면 일생토록 일해야 했다.

제2차 세계대전 이후 미국에서는 자동차 산업이 크게 번창해 도시와 교외를 쉽게 오갈 수 있게 되면서 자가

용 구매도 주택 산업과 함께 성장했다. 따라서 이러한 주택은 교외의 풍족함, 자연스러움, 가족, 공동체의 이상을 상품 가치로 활용하면서 전기 제품, 가구 등도 세트로 묶어 판매되는 상품이 되고 말았다. 이와 같은 주택지를 '패키지 교외package suburbs'라 불렀다.

이러한 움직임에 힘입어 토지 개발업자는 대도시 교외의 철도망을 따라 꿈의 교외에 고급 주택지와 부대 시설을 개발했다. 자동차가 보급되면서 구매력을 갖춘 대중이 꿈을 나누던 교외 쇼핑센터가 개발된 것도 이때였다. 이는 남의 나라 이야기가 아니다. 지금 우리나라의 주택 공급 상황도 미국 교외 주택 공급 방식을 닮아 있다.

그중에서 가장 유명한 것이 1947년부터 개발된 레빗타운Levittown이다. 윌리엄 레빗William Levitt은 단지 집만 지어 파는 건설업자와 달리 완전한 공동체를 건설했다. 맨해튼에서 40킬로미터 떨어진 롱아일랜드에 총면적 4.07제곱킬로미터(122.4만 평), 여기에 1만 7,447세대를 지어 싼값으로 제공한 중대형 단독 주택 단지였다. 집값이 쌌기 때문에 대형 개발업자가 지은 주택은 모두 팔렸다. 4인 가구의 평균 소득이 연 6,808달러이던 시절에 대지 150평, 건

뉴욕 롱아일랜드의 레빗타운.
ⓒShutterstock.com

평 22평인 주택 가격이 7,990달러였다. 주택 가격의 10퍼
센트만 내고 월 57달러씩 갚아나갈 수도 있었다.

　조립식 주택은 표준화된 부재를 사용해 영업, 설계부
터 공장 제작, 시공, 사후 관리까지 모든 공정을 체계화해
야 상품화할 수 있는데, 레빗타운의 주택이 그러했다. 건
축 부재를 표준화하고 자동화된 일괄 공정 체계에 따라 빠
른 속도로 대량 건설된 조립식 주택을 하루에 150채씩 생

산했다.

　레빗타운은 대단했다. 광활한 땅을 자동차 도로로 구획하고, 집이 들어앉을 땅도 비슷하게 나눈 다음 이를 다시 주택 30채가 일렬로 늘어설 수 있게 분할했다. 넓은 땅에 비슷하게 생긴 주택 상품이 끝없이 펼쳐졌다. 집 안에는 침실 두 개에 거실과 부엌이 있으며, 증축이나 개축도 할 수 있었다. 이런 단지들 덕에 붙박이장, 냉장고, 가스레인지 등 가구와 가전 산업이 호황을 이뤘다. 이로써 가전제품은 가사 노동 패턴을 크게 바꿨고 주부에게 자유 시간을 주었다.

　레빗타운 같은 대규모 부동산 개발과 자동차 보급으로 제2차 세계대전 후 미국에서는 유럽의 성공한 부유층 주거가 대중적인 교외 주택 문화로 형성되었다. 『뉴요커』의 건축 비평가 폴 골드버거Paul Goldberger는 "수많은 미국의 중산층에게 먼 꿈만 같던 단독 주택이 실현된 것은 건축적 창조이기 이전에 사회적 창조였다"고 말했다.

　그러나 대량 생산품이 된 주택으로 교외는 변질됐다. 교외로 나가 산다는 것이 더 이상 성공을 상징하거나 차별화해주지 못했다. 달라 보이기를 바라며 찾아온 전원 주택이 다 비슷비슷해졌다. 똑같아져버린 집 사이에서 이웃과 차이를 드러내려면 다른 방식이 필요했다. 19세기의 부르주아들이 '좌절된 물건'을 수집했듯이, 똑같은 주택에 뭔가를 덧붙이거나 취향에 맞춰 실내를 고치고, 다른 사람이 쉽게 살 수 없는 가전 제품을 마련했다.

대규모 교외 주택지가 대중화될수록 생활의 목표나 감각은 사라지고 단조로움과 따분함만 남았다. 사람을 만나러 먼 곳까지 차를 타고 가면서도 정작 집 주변에는 관심을 닫아버리는 익명의 존재가 되고 말았다. 도시와 전원이라는 두 세계를 모두 가질 것이라 기대했으나, 도시는 애써 찾아가야 할 만큼 멀고 전원은 고립된 공간이 되고 말았다.

이러한 괴리를 상업 광고가 메워주었다. 많은 것을 갖추고 나면 소비 의욕이 떨어지므로 기업은 그다지 필요하지 않은 것까지 광고해 욕망하게 만든다. '커피 한 잔, 이것이 파크 포레스트의 상징.' 이런 식으로 행복 이미지를 파는 광고는 주택 하나하나의 실질적 가치와는 무관했다. 그런데도 공장에서 생산되어 상품이 된 주택은 택지의 상징성과 부수적인 상품들에 의지하게 되었다. 처음에는 주택 상품 자체의 우수함을 선전하더니, 나중에는 이 주택에서 살게 되면 인생이 달라진다며 허구의 이미지를 동원하기까지 했다.

건설 회사의 아파트 광고는 모두 이런 행태를 이어받았다. 엄격하게 선정한 입지와 철저한 프라이버시, 특급 호텔만큼 섬세한 서비스를 강조한다. 정갈한 탁자, 최신식 피트니스 센터, 이웃과 함께하는 스카이라운지, 아무도 책을 꺼낼 수는 없지만 두 층 높이로 책장을 가득 메운 도서실로 공동체의 특별함도 강조한다. 이른 아침 발코니에서 공원을 바라보는 장면은 도심인데도 녹지로 가득한 단지임을 보여준다. 도시와 반ヌ도시가 공존하는 것인데, 이는 종래의 교외 주택지를 고스란히 닮았다. 그러나 입지·프라이버시·서비스·공동체는 모두 행복을 파는 주택지를 말하는 것이지 주택 그 자체가 아니다.

교외 주택지만이 아니다. 르코르뷔지에는 1922년 '300만 명을 위한 현대 도시' 계획을 제안했다. 인구 300만 명이면 인천광역시 급의 거대 도시다. 그는 고속 교통을 위해 십자로를 교차시키고 동서와 남북으로 폭 40미터 도로에 대각선 도로를 두었다. 한가운데는 십자형 평면의 고층 빌딩이 서고 이뫼블 빌라Immeubles Villas 단위의 집합 주택을 배치했으며, 주변에는 녹지를 풍부하게 두었다. 단위 주거에서 건축으로, 건축에서 도시로 확장해간 20세기 초의 획기적인 제안이자, 근대적 가치인 공업화, 평등, 경제, 교통, 위생 등을 구체화한 것이었다. 르코르뷔지에는 훗날 이것이 도시 개발업자들에 의해 소비자가 분양받는 건축과 도시의 원본이자 수법이 되리라고는 상상조차 하지 못했을 것이다. 자본으로 움직이는 사회가 그의 획기적인 계획을 고가의 상품으로 둔갑시켰다.

사는買 집, 사는住 집

우리나라에서는 부동산 자산의 90퍼센트 이상을 주택이 차지한다. 주택은 삶의 질을 보장하는 보편적 재화가 아니라 시장에서 거래되는 상품이다. 1980년부터 건설 회사는 새 아파트를 '신상품'이라 불렀다. 건설 회사는 다 짓지도 않은 주택 한 채만 따로 떼어 모델하우스로 전시하며 구매를 결정하게 했다.

국가는 토목 인프라는 책임지고 건설해왔으나, 주택에 대해서는 아무런 책임을 지지 않고 개인에게 미루는 방식으로 정책을 운영했다. 국가의 부담을 줄이면서 경제를 성장시키는 유효한 수단이었기 때문이다. 국가는 주택을 경제 성장 도구로 보았고, 개인은 자기 부담으로 주택을 마련해 유지, 관리했다.

이래서 나온 말이 '아파트 공화국'이다. 이는 획일적이고 경직된 아파트 환경을 비판할 때 곧잘 사용하지만, 실은 프랑스 학자 발레리 줄레조Valérie Gelézeau의 책[9]을 번역하며 따로 지어낸 제목이다. 한국에서 아파트는 권위주의적 정부 정책과 재벌의 이해관계가 맞아떨어져 대표적인 주거 형태가 되었는데, 줄레조는 한국 정부가 주택 수요를 실질적으로 책임지지 않고 재벌급 건설업체에 맡겨 대량 생산하는 방식으로 주택 정책을 펴나갔음을 비판했다.

1970년대 이후 우리나라는 분양제와 청약제라는 수단으로 공급을 확대해왔다. 서구의 주택 공급 제도는 주로 공공 주택 배분에 한정되었으나, 이와 달리 우리나라 주택 정책의 방향은 대규모 건설이었다. 심지어 20호가 넘는 민간 주택 건설도 이 정책에 적용됐다.

획일적인 아파트를 양산하게 한 바탕은 1972년 제정된 주택건설촉진법이었다. 이 법으로 토지 이용, 배치, 건폐율, 용적률, 높이, 인동 거리, 중심 시설 계획 등이 일률적으로 정해졌다. 정부는 택지 개발과 토지 구획 정리 사업의 주도권을 주택공사와 토지개발공사에 주고 가격과 분양 제도를 통제했을 뿐, 주택에는 직접 투자하지 않았다. 국가는 공급량에만 관심을 두었고 이익을 추구할 수밖에 없는 민간을 통해 아파트를 만들게 했다. 법령을 지켜 탄생한 '성냥갑' 아파트가 대량 생산된 것이다. 그럼에도 국가는 오랫동안 저소득층 장기 임대 주택 같은 시장은 육성하지 않았다.

우리나라 주택은 총 2,000만 채 중 소유주 1,300만 명을 빼면 두 채 이상 여러 주택을 가진 사람이 700만 채를 갖고 있다는 계산이 나온다. 이 가운데 임대 사업자로 신고한 것이 40만 명, 이들이 보유한 주택은 136만 채라 하니 80퍼센트는 신고 없이 두 채 이상 소유하고 있다는 뜻이 된다.

신축에만 집중해온 우리와 달리 유럽에서는 20세기 초부터 민간을 중심으로 사회 주택을 공급했다. 사회 주택은 임대료가 저렴하고 수요에 따라 주택이 배분되는 사회적 목적의 주택이다. 초기 사회 주택은 노동자용으로 민간 기업이나 비영리 단체가 공급했으나, 제2차 세계대전 이후에는 중앙·지방 정부가 주도해 저렴한 임대 주택을 대량 공급했다. 이후 중앙 정부는 사회 주택을 직접 건설해 공급하기보다는 비영리 단체를 재정이나 정책으로 지원하고 있다. 사회 주택이 가장 활성화된 네덜란드는 총 가구의 34퍼센트가 사회 주택에 거주한다.

2015년 주거기본법이 제정되었다. 그러나 골자인 주거 정책의 기본 원칙은 모두 주택 정책에 관한 것이다. '소득 수준·생애 주기 등에 따른 주택 공급', '주거 복지 수요에 따른 임대 주택 우선 공급', '양질의 주택 건설 촉진과 임대 주택 공급 확대', '주택 시장, 주택 산업의 건전한 발전' 등등. 주택을 마련할 수 없는 사람이 장기적으로 거주할 임대 주택을 국가가 일찍부터 충분히 제공하지 못했기 때문에 '주택 정책'은 있었어도 '주거 정책'이 미미했다는 사실을 이런 식으로 인정한 셈이다. 최근에는 정권이 바뀔 때마다 일종의 업적인 양 새로운 공공 임대 유형을 부동산 정책으로 내세운 결과, 영구 임대 주택, 국민 임대 주택, 행복 주택, 매입·전세 임대 주택, 5·10·50년 임대 주택, 보금자리 주택 등 다양한 공공 임대 주택이 나타났다. 하지만 이것이 주택이라는 상품을 변화시키지는 못한다.

주택에는 '매물'이라는 말이 아주 많이 쓰인다. 아파트 실거래가를 한눈에 보여주는 부동산 종합 정보 플랫폼은 매매, 유형, 평형, 가격, 세대 수, 입주 연차, 용적률, 건폐율, 전세가율, 갭 가격, 임대 사업율, 월세 수익률로 주택 거래 정보를 알려준다. 심지어는 '작품으로 지은 ○ ○ 전원 주택 매매 [유명 부동산 물건 No.3251]'라고 광고한다. 주택은 일련 번호가 붙은 물건이고 상품이다. 국토교통부 장관도 국회에 나와 주택을 '시장', '갭 투자', '물건', '매물'이라고 설명하는 현실에서 주택 정책은 곧 '주택 매매 정책'이 된다. 그런데도 저명 건축가일수록 아름답고 고고한 건축은 결코 '더러운' 부동산일 수 없다고, 주택은 '사는買' 것이 아니라 '사는住' 것이어야 한다고 강변한다. 고매한 가르침이긴 하나, 일단 사야買 살住 것 아닌가?

'사는買' 집은 집을 투기로 보는 것이지만, '사는住' 집은 윤리적이고 선한 집이라 여긴다. 그러나 집을 소유하고 싶다는 것이 곧바로 집을 투기 대상으로 보는 것일 수는 없다. 집을 소유하는 것은 당연한 욕망이고 더 좋은 집에 살고 싶은 것도 당연한 욕망이다.

주거는 주택이 아니다. 주거란 주택에서만 일어나는 것

이 아니며, 사무소, 상업 시설 같은 건물과 공원, 가로 등 주택 이외의 모든 도시 공간을 오가며 일어난다. 생활 공간은 주택 공간과 비주택 공간의 합이다. 주택 면적이 작더라도 아이들이나 노인을 고려한 공간이 이외의 공간에 준비되어 있으면 된다. 이런 준비 없이 아파트처럼 닫힌 주택에만 관심을 두고서 나쁘다 할 것이 아니라, 닫힌 주택이 더욱 넓은 주거로 성립하도록 설계하지 않는 사회가 문제임을 알아야 한다.

이렇게 '사는住' 집을 강조하려면 주택 정책을 주거 정책으로 일찍 바꾸었어야 했다. 그러나 우리나라에는 여전히 어떻게 사는지에는 관심 없이 주택 수량, 위치, 가격만 따지는 주택 정책만 있고 어떤 집과 지역에서 어떻게 살아야 하는가를 묻는 주거 정책이 없다. 그런데도 '사는買' 집을 '사는住' 집으로 만드는 방법은 제시하지 않으면서 집을 투기 대상으로 삼지 말라고 한다. 그러나 이것은 개인이 알아서 집을 사고, 들어가 살 집도 개인이 알아서 해결하라는 정책일 따름이다.

건축에 투영된 핵가족과 전업 주부

아파트가 획일적이라고 비판하는데, 이것은 분양받을 대상을 정하지 않은 채 생산하기 때문이다. 아파트는 크기가 달라도 모두 4인 핵가족을 전제로 설계하므로 방을 구성하는 원칙이 거의 비슷하다. 근대는 핵가족이라는 허구의 가족 개념을 만들었고, 그것이 오늘날 우리 사회의 바탕이 되었다. 그런데도 근대 핵가족에 대해서 아무런 언급도 안 하면서 아파트만 획일적이라고 단순히 비난할 수는 없다.

산업 혁명 이후 상부상조의 지연 공동체가 있던 자리를 핵가족이 차지했다. 남편은 일하러 나가고 전업 주부인 아내는 가사와 육아에 전념함으로써 성별로 역할을 설정했다. 교외 거주의 근간도 핵가족이며, 성별 분업은 공업화 사회의 기능 분할을 그대로 반영한 것이다. 도심과 교외를 매일 왕복하며 생활하는 핵가족은 가까운 곳에서 살림을 함께 돌볼 친척이 없었으므로, 여자는 전업 주부가 되어 육아와 가사를 전담해야 했다. 결과적으로 전업 주부는 도시의 생산성을 유지하게 하는 역할을 하고, 정부는 사회 보장 비용을 가정에 넘겨 부담을 줄이는 전략을 취했다.

20세기 도시화가 빠르게 진행되면서 일터와 거주지가 나뉘었다. 이를 대변하는 건물 유형이 도심의 업무용 건물과 교외 주택이었다. '일터'는 '도심', '거주'는 '교외'라는 근대 도시의 기본 구조가 투영된 것이다. 조앤 오크먼 Joan Ockman은 제2차 세계대전이 끝나고 10년 동안 레버 하우스Lever House와 레빗타운이 미국 건축을 정의하는 이미지가 되었는데,[10] 레버 하우스는 생산과 남성을, 레빗타운은 소비와 여성, 대중 문화를 나타낸다고 지적했다. 두 건물 유형은 근대 자본주의의 양면을 상징하며, 각각 도시와 건축, 생산과 소비, 남성과 여성이라는 사회적 도식을 나타낸다는 것이다.

뉴욕의 마천루 레버 하우스는 커튼월 공법을 처음으로 구현해 지은 단순한 유리 상자 형상이다. 국제주의 건축 양식의 정수라 불리며, 공적 측면을 고도로 합리화한 남성 중심의 고급 건축이다. 그러나 레빗타운은 중세 모델을 따라 교외에 건설한 저급 민간 건축을 대표한다. 남편이 일하러 간 사이 부인과 아이가 거주하는 여성의 영역, 소비 단위인 핵가족의 전형을 담고 있다.

제2차 세계대전 당시 미국 여자들은 공장에 나가 남자

들의 일을 대신했지만, 전쟁 이후 남자들이 전쟁터에서 돌아오자 가사와 공동체를 돌보는 주부 역할로 내몰렸다. 이것이 대가 없는 전업 주부의 탄생이다. 한편으로는 아름다운 자연에 둘러싸인 꿈 같은 주택 관리지만, 다른 한편으로는 철학자 이반 일리치Ivan Illich의 말대로 사회에서 격리된 분업 사회의 '그림자 노동'이었다. 제1차 세계대전 이후 1920년대에 라디오, 축음기, 전기 다리미, 선풍기, 세탁기, 냉장고, 진공 청소기 등 대량 생산된 가전 제품이 쏟아져나왔다. 주요 목표는 전업 주부였고 이들은 소비 사회의 주축이 되었다. 직장에 간 남편, 학교에 간 아이들이 돌아올 때까지 교외 주택지에는 주부만 있었다.

"평생 남편을 출근시키고, 아이들 등교시키고, 식구들이 돌아와 편안하고 따뜻하게 쉴 수 있도록 청소하고 빨래하고 살았어요. 식구들이 벗어놓은 껍데기들을 하나하나 주워서 정리했지요."

가사를 마치면 주부들은 라디오를 듣거나 텔레비전을 보며 하루를 보낸다. 스스로 '잉여 존재'라 부르는 오늘날 우리의 전업 주부의 상은 이렇게 시작했다.

핵가족이 건축에 미치는 영향은 이렇다. 핵가족은 부부

의 성격으로 결정되며, 결속력과 집단성 강한 가족 공동체의 근간이다. 사생활의 장으로서 가족 영역과 공적 영역을 분명하게 분리하는 바탕이기도 하다. 근대 사회란 근대 가족과 근대 시장의 합이고, 핵가족은 소비 생활의 단위이기도 했다. 핵가족은 규모가 작으므로 그다음 세대도 제집을 확보하려 하고, 이로써 주택은 세대마다 구입하는 소비재가 된다. 반면에 세대 규모가 작아지면 아이와 고령 부모를 돌보는 일도 가족 안에서 해결할 수 없으므로 공공 재정이 필요하다. 주민 이동률이 높은 대도시에서 핵가족으로만 구성된 지역은 통근과 근무 시간이 길어 지역에 대한 귀속감도 약해진다.

그러나 근대 핵가족과 주거 형태 역시 제2차 산업을 기간으로 한 사회에서만 유효하다. 20세기 말 자본주의가 산업 자본주의에서 정보 자본주의로 중심 이동하면서 노동과 주거라는 이항 대립과 이를 근간으로 하는 가정 생활의 모델은 의미를 잃고 있다. 예전에는 개인이 가정을 거쳐 사회로 이어졌지만 정보화 사회에서는 개인이 가정을 거치지 않고 직접 사회로 연결된다. 원인은 가족과 사회의 개인화, 과거의 눈으로 보면 가족 해체이고 사회 해체다. 자명하다고 믿어온 가족의 변혁이기도 하다. 자본주의에서 노동은 반드시 사무실과 공장이라는 추상적인 상자에서만 일어나지 않으며, 정보 단말기가 된 주택에서도 얼마든지 근무할 수 있게 변화했다. 곧 사무실과 공장, 주택의 구분이 서서히 사라지고 있다.

가족도 변했다. 가족은 오랫동안 함께 살고 함께 먹은 집단이었다. 그러나 일부일처와 아이 둘을 최소 단위로 볼 근거는 없다. 그런데도 핵가족이라는 최소 단위에 맞춰 지은 주택은 다시금 핵가족을 사회의 최소 단위로 강화했다. 그러나 '함께 사는 50명 주택' 또는 '함께 사는 100명 주택'을 가정한다면 그 공간의 관계가 과연 어떻게 성립할까? 이 50명과 100명의 주택은 핵가족만으로 구성된 것일까? 만일 그렇지 않다면 핵가족이 아닌 새로운 사회 단위로 성립하는 주택이 있을 수 있다는 것이다. 이때 그 단위를 구성하는 사람들이 사회에서 제각각 어떤 역할을 하는가를 봐야 한다. 남자는 일하고 전업 주부가 가사와 육아에 전념하는 가족상은 크게 바뀔 것이고, 바뀐 가족상에 대응하는 새로운 건축이 얼마든지 등장할 것이다.

주택이 만들어낸 계급

공간은 계급적 성격이 강하다. 그중에서도 주택이 제일 그렇다. 음악이나 미술은 중요한 문화지만 없거나 부족해도 그런대로 살 수 있다. 그러나 건축은 음악이나 미술 또는 패션과는 비교가 안 될 정도로 비싸다. 재산 중에서 가장 큰 것 역시 주택이다. 일생에 한 번 살까 말까한 물건이며, 모두가 제각기 갖고 싶어 한다. 재산으로서의 주택은 사회적 신분을 가장 크게 상징한다. 특히 소비 사회에서는 집과 살림살이가 곧 사회적 신분을 강력하게 뒷받침한다.

20세기 이전 유럽에서 주택이란 부모로부터 이어받거나 빌려 사는 것이었다. 질리 쿠퍼$^{Jilly\ Cooper}$가 영국의 계급 사회를 풍자한 『계급^{Class}』에 이런 구절이 있다.

"저 사람은 산^{買} 집에서 살아^{住}"라는 말이 노동자 계급 입에서 나오면 대단히 칭찬하는 말이지만, 상류 계급 사람이 한 말이라면 별것 아니라는 경멸을 나타낸다. 상류 계급은 몇 세대나 걸쳐 같은 집에서 사는 것이 보통이기 때문이다. 다시 말해 도구나 은그릇을 유산으로 이어받듯이 집도 이어받는 것이다.[11]

주택을 산다는 것은 것은 20세기에 시작된 새로운 욕망이었다. 가족과 함께 안전하고 행복하게 살다가 노후를 보장해주는 주택은 모두의 꿈이었다.

주택을 통한 사회 계급이 새롭게 형성되고 있다는 사실은 개인의 욕망을 넘어 사회적으로 크게 우려할 일이다. 어느 동네에 사는가, 아파트·단독 주택·다세대 주택·다가구 주택 중 어디에 사는가, 자가인가 임대인가, 집값은 얼마인가로 지위를 구분하고 있다. 사회학자 막스 베버도 재산 소유와 비소유가 모든 계급의 위상을 결정하는 기본 요건이어서 주택이 계급이 되고 주택으로 사람들이 갈등한다고 파악했다.

집을 소유한 사람과 그렇지 않은 사람 사이를 계급으로 차이 짓는 것이 과연 옳은지는 심각하게 생각해봐야겠지만, 그럼에도 주택은 계급을 정한다. 영화 《기생충》도 부동산 계급을 그렸다. 상위 계층과 하위 계층을 구분하는 가장 큰 매체는 주택이다.

아파트 광고도 계급 사회를 조장한다. 이 광고들은 상류 사회의 주거 취향과 소비 욕구를 표본 삼고, 집 없는 서민의 울화를 돋운다. '세상은 당신이 사는 곳을 동경합니다', '사는 곳이 당신이 누구인지 말해줍니다 … 이웃도 자부심입니다', '집이 달라지면 여자의 미래가 달라집니다', '100만 명 중 하나를 위해 지었습니다.' 그중에서도 가장 적나라한 광고가 있다. 수정 씨가 남자 친구를 집으로 데려가 가족에게 인사시키는 광고다.

"선배, 저, 남자 친구를 집에 인사시키는 것 처음이에요."

"집이 어디야?"

"저기야, 저 집이야."

두 사람이 흐뭇해하는 가운데 아파트의 로고가 나타나고 나레이션이 흐른다.

"수정 씨 집은 래미안입니다."

'사는 곳이 당신이 누구인지 말해준다'지만 여기서 집은 아파트 단지 속 특정 평형의 집이지, 주변을 포함한 지역 공동체를 말하는 것이 아니다. '이웃도 자부심'이라는 말 역시 닫힌 아파트 주민을 말할 뿐 주변 지역의 이웃이 아니다. '당신이 사는 곳'과 '자부심이 되는 이웃'은 같은 아파트 단지 안에서도 구별된다.

예전에는 인사의 뜻으로 "어디 사세요?"[12]라고 곧잘 물었다. 그러나 지금은 그렇게 물으면 안 된다. '어떻게' 사느냐보다 '어디에' 사느냐가 집과 동네, 사회·경제적 능력 곧 주택 계급의 기준이 되어버렸기 때문이다. 아파트에 산다면 "어디에 사느냐"는 민간 분양과 공공 분양, 민간 임대와 공공 임대, 국민 임대 중에서 어디냐를 묻는 것이고, 어떤 건설사 브랜드와 평수인 곳에 사는가를 묻는 말이다. 이들 두고 사회학자들은 '신新주택 계급 사회'라고 부르고 있다.

주택으로 계급이 형성된다는 개념은 매우 생소하고 껄끄럽다. 그럼에도 우리 사회에는 집이 있느냐 없느냐, 어디에 사느냐에 따라 6개 계급이 있다는 주장이 있다. 이를 '부동산 계급 사회'라고 규정한다.[13] 제1계급은 다주택자, 제2계급은 자기 집에 사는 1주택자, 제3계급은 자기 집을 세주고 남의 집에서 셋방살이하는 1주택자, 제4계급은 현재 집이 없지만 잠재 구매력이 있는 내 집 마련 예비군, 제5계급은 내 집 마련의 희망 없이 셋방살이를 전전하는 사람들, 제6계급은 그나마도 제대로 된 셋방에 살 형편이 안 돼 지옥고(지하실·옥탑방·고시원)에서 지내는 사람들이다.

부동산에서는 분양 주택과 임대 주택을 함께 조성해 사

회·경제적 배경이 다른 주민이 어우러져 살도록 조정한다. 이러한 소셜 믹스social mix 정책도 주거 형태와 크기, 가격 등으로 빈부 서열을 나누고 차별하는 표지가 되었다. '임대 주택=서민 주택'이라는 인식에 임대동만 층을 낮춘다든지, 임대 가구와 일반 분양 가구를 다른 동이나 층에 분리해 입구, 엘리베이터, 비상 계단마저 따로 쓰게 한다거나, 공용 시설에 임대 주택 거주민 출입을 제한하기도 한다. 건축은 이렇게 아픈 사회의 모습과 함께한다.

4부

건축이

모두   의

기쁨이
되려면

건축이 존재하는 원천은 '모든 이의 기쁨'에 있다. 아렌트의 말대로 '모든 이의 기쁨'은 자기 의지로 공적인 장소, 모두가 경험하는 집에 나타나는 것이지, 아름답고 화려한 공간에 매료되는 데서 나오는 것이 아니다. 건축을 통해 지역 사회 사람들이 의지를 가지고 지속적으로 지혜를 실천해야 한다는 것도 값진 기쁨을 오래 간직하기 위해서다. 그러려면 건축 뒤에 숨은 사회를 벗고 우리 사회의 근원적 희망을 드러내는 건축으로 '세계'라는 공간을 찾아나서야 한다. 이것이 아렌트가 말하는 건축의 물화일 것이다.

공공의 미래를
만드는 건축

탈공업화 사회의 건축

공업화 사회는 생산, 공업, 에너지, 이동, 통신 등 모든 분야에서 급속 성장했다. 이에 전 세계 인구도 계속 증가했다. 유한한 지구 자원은 과잉 소비에 계속 수탈되었다. 그러나 1980년대에 공업화 사회가 지나면서 환경 문제가 심각해졌고 경제도 성장을 멈춰 탈공업화 사회로 이행했다.

　이런 변화를 일으킨 가장 큰 요인은 부유한 선진국이 저출산·고령 사회로 변한 것이었다. 인구가 줄어 빈집과 공터가 늘었다. 그러자 주택 수요와 스토크의 균형이 깨졌다. 문제를 해결하는 방법은 지구를 과잉 소비하지 않는 것, 자원을 아끼고 소비를 줄이는 것이었다. 이에 탈공업화 사회는 효율보다 균형, 생산성보다 최적화, 집중보다 분산, 표준화보다 개성화, 단순화보다 다중화, 고도 성장보다 내부 충실, 확대 재생산보다 순환형 사회로 초점을 돌리고 있다. 공업화 사회의 모든 가치와 방법이 역전되는 사회, 이른바 '축소 사회'가 도래했다.

공업화는 똑같은 것을 대량 생산하되 종류는 줄이는 방식이었다. 자원이나 기술, 생활 방식 모두 몇몇 가지로 상정하고 계획했다. 교육도 다를 바 없어 어디서나 똑같은 인간형을 배출했으니 알고 보면 소종 다량 생산물이었다. 이런 사회에서 건축과 도시도 똑같은 주택이나 기준층을 대량 반복했다. 똑같은 구역을 설정했고, 베드타운이나 뉴타운을 만들었다. 그러나 탈공업화 사회에 들어서는 장기적인 관점에서 위기를 줄이기 위해 근대화 이전의 재래 기술, 지역 자원을 활용하는 다종 다량 생산 방식을 택했다.

공업화 사회에서는 노동과 원료와 제품을 신속하게 수송해야 했으므로 속도 우선 인프라가 발달했다. 그러나 탈공업화 사회는 이와 달리 사람이나 물건이 아닌 정보가 이동한다. 제조 거점은 도시 밖이나 국외로 옮기기 때문에 인프라 요구는 점차 줄었다. 정보 통신 기술 발달로 산업 중심에서 인간의 능력 중심으로 바뀌었고, 다양하고 전문화된 서비스가 필요해졌다. 전통적인 제조업은 쇠퇴하고, 대신 상호 협력과 경쟁으로 지역을 혁신하는 전문화된 소규모 기업이 도시에 모이기 시작했다.

확대와 성장을 전제로 한 근대 도시와 건축으로는 축소 사회에 대응할 수 없게 되었다. 공간적으로나 시간적으로 지역은 제각기 자족해야 했고, 도시에도 지역 문화가 다양해져야 했다. 거대 도시는 초고층 건물과 인프라 등 거대 구조물만 있는 것이 아니다. 그 안에는 작은 건축물이 방대하게, 불균질한 공간으로 혼재한다.

경제 성장기에 사용자는 행정이나 건축 전문가들이 건축물을 다 지어줄 때까지 기다리기만 하면 되었다. 그러나 축소 사회에서는 세수 감소와 지가 하락 등으로 지방 자치 단체나 민간 사업자가 주역이 되지 못할 수 있다. 이런 현실에서는 주민이 적극적으로 참여하고, 이익에 상반될 경우 자치 단체와 함께 합리적으로 자기가 사는 장소에 관여한다.

공업화 사회에서 건축물은 기계와 비교되었다. 그러나 건축물은 휴대폰이나 자동차나 컴퓨터처럼 사용 목적이 사라지거나 더 좋은 제품이 나타난다고 없어지지 않는다. 건축물은 물리적으로도 크고 대단한 투자로 지어진다. 관습이나 법적 제약도 많이 받는다. 건축물은 변화에 아주 느리게 대응하는 인프라이기 때문에 탈공업화 사회에서 오히려 귀중한 사회 자본으로 계속 사용할 수 있다.

탈공업화 시대는 건축물을 한 가지 기능이 아니라 다수 주체가 이용하도록 여러 기능을 섞어 바꾼다. 도심의 노후한 사무용 건물을 주거용으로 바꾸고, 비어버린 교외 아파트를 소규모 사업장으로 활용하며, 큰 주택의 남는 방을 카페나 갤러리 등 작은 상업 공간으로 바꾸기도 한다. 학생이 줄어든 학교나 남는 교실의 용도를 바꾼다든지, 노인 복지, 보육, 사회 교육 등과 관련해 도보권 안에서 고르게 위치한 초등학교를 공공 서비스 시설로 바꾸고 있다.

건축물 재생 방식에 전용轉用, conversion이 있다. 오래된 창고나 공장을 부수지 않고 기존 구조체나 대공간을 보존해 용도를 변경하는 것이다. 전용은 용도를 그대로 하고 건물을 고치는 개수와 다르며, 신축으로는 얻을 수 없는 의외성이 있다. 공장을 전용하면 공장과는 다른 새로운 가능성을 얻을 수 있다. 신축 건물은 그것만으로 가치가 있지만, 전용은 건축한 시기의 이색적인 외장, 내장, 구조체, 구성 등 다양한 요소를 조합해 공간 전체의 가치를 얻는다. 전용은 실용적으로는 건축 스토크를 활용하고 경관적으로는 도시의 기억을 보존해, 공간만이 아니라 시간적으로도 지역 생활과 문화를 끌어올린다.

건축물을 수복·재생하는 것은 과거와 현재의 건축물이 시간적으로 대화하게 만드는 것이며, 지역 문화를 다른 곳으로 발신하는 것이다. 특히 작은 건축물을 수정·갱신하는 것은 건축물과 관계하는 지역 내 기술자와 수공업자를 지켜주는 것이다. 건축물을 재생함으로써 그 장소만이 가지고 있는 고유한 재료와 기술, 장소와 일체가 될 수 있다.

탈공업화 사회에서는 공업화 사회에서 잃어버린 장소의 재료, 기술, 생활이라는 정주의 본모습을 되찾는다. 요즘 우리는 물건이나 상품보다는 '커뮤니케이션'이라는 서비스를 산다. 커뮤니케이션이란 신체를 매개로 해 자기를 둘러싼 장소와 소통하는 것이다. 맨해튼의 하이라인에서 보듯이 물류와 교통이 중심이던 거대 도시 인프라가 신체 크기에 맞춰 식물, 보도, 전망대 등 일상을 위한 장소로 탈바꿈했다.

탈공업화 시대의 건축은 장소를 생산한다. '장소'는 공동체에 소속되어 있다는 감각을 준다. 그런데 흔히 이런 장소가 균질한 풍경, 표준화, 규격화, 놀이공원 등으로 사라지고 있다고들 한다. 앞서 장소는 머물고 집중하는 것, 도시는 이동하는 것이라고 했다.[1] 그러나 자세히 들여다보면 수도권 주민의 일상은 통근, 통학, 쇼핑 등 이동 시간이 큰 비중을 차지한다. 이렇게 보면 우리는 집, 학교나 직장 그리고 교통이라는 세 곳에서 살고 있고, 대도시에서 일하고 걷는 사람들은 대부분 도시의 유목민인 셈이다. 그렇다면 도시 유목민에게 장소와 이동은 상호 관련된 것이지 배타적인 관계가 아니다.

미래가 기다리는 건축

지속 가능성을 말할 때 종종 인용하는 문장이 있다.

환경은 조상에게서 물려받은 유산이 아니라 미래의 아이들에게서 빌린 것이다.

레스터 브라운Lester Brown의 경구다. '대지를 잘 돌보라. 우리는 조상으로부터 대지를 물려받은 것이 아니다. 우리의 아이들로부터 잠시 빌린 것이다'라는 인디언 격언에서 따온 말이다.

이것은 지속 가능한 사회를 위해 건축이 무엇을 해야 하는가를 잘 나타내는 말이기도 하다. 환경을 미래로 이어지는 시간 관점에서 바라보게 하고, 성장 시대에 만들어진 도시 인프라와 건축물의 스토크를 재생하게 하며, 역사적인 도시와 건축의 보전 방안을 느린 속도로 다시 생각하게 만든다.

더구나 사람은 집으로 미래를 계획한다. 미국 남서부 인디언 나바호족Navajo族의 전통에 따르면, 어른이 되려면 반드시 호간hogan이라는 집을 지어야 했다. 단지 비바람을 피하기 위해 짓는 것이 아니었다. 오래 지속할 행복을 계획하기 위해 지어야 했다. 그들은 이렇게 말했다.

호간이 없으면 계획을 세울 수 없다. 밖에 나갈 수도 없고 미래를 위해 다른 것을 계획할 수 없다. 먼저 호간을 지어야 한다. 호간 안에 앉아야 계획이 시작된다.[2]

참 지혜롭다. 이 말에서 호간을 학교로 바꿔보자.

학교가 없으면 학생과 미래의 교육을 계획할 수 없다. 학생
들이 밖에 나갈 수도 없고 미래를 위해 다른 것을 계획할 수
도 없다. 먼저 학교를 지어야 한다. 학교 안에 앉아야 미래
를 위한 계획이 시작된다.

우연히 '모두의 미래를 만드는 유치원'이라는 이름을 알
게 되었다. 이 유치원의 교육 목표는 이렇다.

이 이름에는 이제부터 누구도 경험하지 않은 사회에서 어
떤 사람에게 길러지기를 바라는가 하는 생각이 들어 있습니
다. 타자를 배려하는 아이, 자기 뜻으로 행동하는 아이, 들
은 말의 의미를 생각하고 즐기면서 몰두하는 아이, 다시 말
해 모두의 미래를 만드는 사람입니다.

이 말에서 '모두의 미래를 만드는 사람'을 '모두의 미래
를 만드는 건축'으로 바꿔보자. '이제부터 누구도 경험하
지 않은 사회에서 사람에게 길러지고 살아가고 싶은 건축,

타자를 배려하는 건축, 자기 뜻으로 행동하고, 삶의 의미를 생각하고 즐기면서 몰두하게 하는 건축'이 될 것이다.

학교 건물은 이 사회의 교육 제도를 지속하기 위한 것이므로 교육의 미래를 짓는 것과 같다. 국회의사당은 민의가 정치로 이어지게 하는 곳이므로 정치의 미래를 짓는 것이며, 회사 사옥을 짓는 것은 경영의 미래를 짓는 것이다.

그러나 근대 건축은 시간을 부정했다. 벽돌이나 돌을 쌓아 올린 건물은 1층을 지어야 2층을 지을 수 있다. 10층짜리 건물에선 당연히 10층을 가장 나중에 짓는다. 그러나 철골 구조에서는 10층의 철골 구조가 완성되면 1층부터 10층까지 동시에 벽을 시공할 수 있다. 이렇게 공기가 단축되다 보니 준공 시점에 건축물이 완성되고, 건물은 건축가 개인의 작품이라는 생각을 낳았다.

근대 이전에는 건물을 짓는 데 오래 걸려 한 사람의 생애보다도 긴 시간이 소요되었다. 유럽의 대성당은 몇 세대에 걸쳐 지었으며, 건축사의 명건축은 일관성을 유지하면서 기존 건물을 재이용해 만들었다. 이렇게 보면 건축은 앞 세대에서 다음 세대로 건네고 자라는 이어달리기다. 다만 그 이어달리기가 언제 끝나는가는 정해져 있지 않다.

건축은 준공 시점으로 끝나는 것이 아니라 그다음 과정이라는 시간의 폭으로 파악해야 한다. 그러나 오래 남아 쓰인다고 모든 건물이 미래를 만들어주는 것은 아니다. 건물은 오래가기 때문에 역설적으로 잘못 지은 건물은 미래를 보여주지 못한 채로 남는다.

바뀌는 용도가 곧 건물의 시간이다. 미국 작가 스튜어트 브랜드Stewart Brand는 이렇게 말한다.

새로운 용도는 건물을 계속 포기하게 하고 변형시킨다. 아무리 아름다운 옛 성당도 신자가 없어지거나 새로운 용도를 찾지 못하면 부서진다. 이보다 간소한 오랜 공장도 몇 번이고 다시 태어난다. 처음에는 경공업의 집적소였지만 예술가들의 공방이 되고, 그다음에는 사무소가 되며 또 다른 무언가로 바뀐다. 도면을 그리고 나서 결국 부서질 때까지 변화하는 문화적 동향, 부동산 가치, 용도 변화 등에 따라 건물은 몇 번이고 변형을 반복한다.[3]

이런 건물이 성당과 공장뿐이겠는가?

건축architecture와 건물building이란 말에는 시간이 개입되어 있다. 'architecture'가 널리 쓰이지만 이것은 '변하지 않는 깊은 구조'[4]를 뜻하므로 '건축'에는 영원이라는 시간이 들어 있다. 그러나 'building'에는 '짓는 행위'와 '지어진 것'이라는 두 현실이 포함되어 있다. 'building'은 동사이자 명사이고, 행위이자 결과다. 용도가 바뀌며 계속 반복해서 세우는 시간은 '건축'이 아닌 '건물'에 관한 것이다.[5] 이렇게 보면 지속 가능한 사회를 위한 건축은 지속 가능한 사회를 위한 건물이라고 해야 맞을 것이다.

지속 가능한 사회를 움직이는 핵심 개념은 '시간'이다. 1960년대 산업화 시대에 우리나라는 석유나 전기가 핵심이었다. 그리고 정보화 사회로 오면서 정보가 중심이 됐다. 경제 규모가 해외로 확대되면서 수요가 포화하자, 이제는 공동체나 지역성 또는 자연 같은 눈에 보이지 않는 가치를 중시한다. 시간 선상에서 과정을 길게 보고 경제력으로 시간을 즐기는 사회로 달라지고 있다.

따라서 지속 가능한 사회의 건축은 '시간'의 건축이다. 그렇다고 이 시간은 유토피아와 같은 먼 미래의 시간이 아니며, 근대 건축의 공간적 특성을 설명하는 미학적인 순간도 아니다. 구체적인 생활이 전개되는 환경에 관한 것이고,

공동체와 여가를 찾고 자연을 있는 그대로 받아들이며 느리게 사는 생활의 시간이다.[6] '시간'의 건축은 결국 '모두의 미래를 만드는 건축'으로 이어진다.

100년 후에 무슨 일이 일어날지는 아무도 모른다. 반으로 줄여 50년 전에도 지금을 예견한 사람은 없으므로, 우리도 50년 후를 예견할 수 없다. 단지 1년 후 정도는 가늠할 수 있다. 그러나 건축의 시간은 이와는 전혀 다르다. 건축과 도시의 시간은 사람의 수명보다 길어 100년 단위로 생각해야 한다. 지금 짓는 건축물은 30년 후에도 존재하고 50년 후에도 존재할 것이다.

공공 건축의 사용자는 그곳에 사는 주민이다. 지금부터 5년이나 10년 정도는 국가가 정하는 것이 아니라 주민 각자가 스스로가 결정할 미래다. 주민 중에는 미래의 사용자와 미래의 주민도 있다. 아직 태어나지 않은 미래의 주민은 지금 지은 건물을 10년 후, 50년 후 가까운 미래에 기다리고 있을 것이다. 건물은 이들을 위한 것이며, 따라서 건축가는 이 건물을 기다리는 그들까지 책임지는 사람이다.

시간이 지나면 건물은 낡는다. 준공 때와는 다른 건물

이 된다. 주변에 차와 사람과 에너지가 움직이고 나무와 풀도 자란다. 오래 산 사람은 사라지고 그 자리에 새로운 주민이 들어오며 새로운 생명도 낳는다. 건물은 소비되고 마는 것이 아니라, 낡더라도 소비되지 않을 수 있다. 건물에는 완성이라는 최종 상태가 없다. 이런 건물은 '계획'으로 얻는 것이 아니라, 사는 사람이 '개입'해 변화하는 과정에서 만들어지는 것이다. 이것이 탈공업화 사회, 지속 가능한 사회에서 실천해야 할 건축이다.

그러려면 '건축이 무엇인가'보다 '건축은 무엇을 위해, 또 누구를 위해 짓는가'를 묻는 것이 중요하다. 그 대상은 세 세대에 걸칠 정도로 폭이 넓다.

공통 세계common world는 … 우리가 현재 함께 살고 있는 사람들과 공유할 뿐 아니라, 이전에 그곳에 있던 사람들, 그리고 우리 다음에 오는 사람들도 공유한다.[7]

여기에는 조건이 있다.

이러한 공통 세계는 단지 그것이 공적으로 나타날 때에 한

해, 세대의 흐름을 넘어 계속 살아갈 수 있다.[8]

이때 세 종류의 사람은 사적으로 집을 물려받는 사람이 아니라, 공적인 '공통 세계'의 주민을 말한다.

아렌트는 다수성이 인간 활동의 조건이라며, '우리가 인간인 점에서는 모두 동일하지만, 누구 한 사람으로서 과거에 살았던 타인, 현재 살고 있는 타인, 장래에 살게 될 타인과 결코 같지 않다'[9]고 했다. 우리가 받은 건축물은 '과거에 살았던 타인'이 남겨준 것이고, 우리가 사용하는 건축물은 다시 '장래에 살 타인'에게 물려줄 것이다. 그러나 과거와 현재와 미래에 나타났거나 나타날 사람들은 지금 건축물을 만드는 우리와 결코 같지 않다. 미래의 주민, 미래의 사용자는 '장래에 살게 될 타인'이다.

시간의 건축은 소비되지 않는 건축이다. 일주일만에 없어질 건축물은 해체하기 쉽게 만들면 된다. 이런 건축물일수록 해결책도 다양하고 표현도 다양하다. 그러나 결국 짧게 소비되고 만다. 반대로 적어도 100년은 지속해야 하는 건물을 짓는다고 하자. 이런 건물은 쉽게 해체될 수 없고 시간이 지나도 늘 과묵해야 한다. 소비되지 않는 건축은 건축의 근본부터 다시 묻게 한다. 소비되기 쉬운 건축물의 시간은 디지털로 정보가 세분되지만, 소비되지 않는 건축물은 신체를 둘러싼 아날로그적 시간으로 공동체의 본래 가치를 드러낸다.

공간의 사용 가치

영어 'use'는 '사용', '이용', '활용'이라는 의미를 모두 담고 있다. '파랑새 공원이 지금은 아이들의 학습 공간으로 이용/사용/활용된다'에서 '사용'을 쓰면 공원의 용도가 새롭게 정해졌다는 뜻이다. '이용'이라 쓰면 용도를 고정하지 않고 때에 따라 또는 사람에 따라 달리 쓰고 있음을 나타낸다. 또 '활용'을 쓰면 더 의미 있게 다른 용도로 쓴다는 뜻이다.[10] '사용', '이용', '활용'은 이렇게 구별된다. 다만 건축에서는 use를 '사용'이라고 말하고 있다.

'사용자'는 목적이나 기능을 정하고 그것에 맞게 쓰는 사람이다. 이런 의미에서 20세기 기능주의 건축은 사용자를 강조한 건축이었다. 기능은 사람이 할 수 있는 다양하고 복합적인 행동을 단순하게 구분한 것이다. 기능 하나에는 반드시 공간 하나가 대응한다. 식당은 식사하는 곳이고 교실은 가르치며 배우는 곳이다. 그렇다면 식사하는 시간에만 식당이라고 불러야 하고, 그 방에 규정한 목적이 아니라면 계속 문을 잠가야 마땅하다. 설계를 의뢰받을 때 제일 먼저 필요한 방과 그에 따른 면적표를 받는다. 그러나 요구해온 방을 면적표대로 잘 배열하는 것이 건축 설계가 아니다. 건축물을 목적이나 기능대로만 사용하겠다는 것 자체가 문제다.

'이용자'는 건물의 용도를 고정하지 않고, '때에 따라 또는 사람에 따라' 편리하게 쓰는 사람이다. 다른 시간, 다른 상황에서 공간의 목적을 달리 받아들이며 쓰는 것이다. 다수가 쓰는 공중화장실은 이용 대상이고, 모든 사람이 쓰는 자연도 이용하는 것이지 사용하는 것이 아니다. 방은 '때에 따라 또는 사람에 따라' 사전에 정해진 이름과 전혀 다르게 쓸 수 있다. 회사 직원이 식당 사용자라면 외부의 손님은 사원 식당의 이용자다.

'활용'은 사물을 특별한 목적에 맞춰 적극적으로 사용하는 행위다. '노는 땅을 주차장으로 활용하자', '구청 문화 센터를 주민의 문화 공간으로 적극 활용하자'처럼, 대상의 효용 가치를 높이는 활동이다. 교회의 거룩한 장소가 강당이나 회의장이 된다든지, 주택이 레스토랑이 되듯이 용도를 새로이 해석하는 시설 전용은 '활용'이라는 점에서 지속 가능한 건축과 잘 어울린다. 다만 '활용자'라는 말은 없다.

고양이는 좋아하는 장소를 분명하게 구분하며 공간을 잘 이용한다. 주위를 살피거나 바람 냄새를 즐기고, 화창한 날에는 기분 좋게 일광욕을 하며, 창가에서 내다보기를 즐긴다. 고양이는 자는 곳과 구경하는 곳을 스스로 정한다. 고양이는 뛰어난 실내 이용자다. 마찬가지로 공원은 자유로이 이용하는 것이다. 이와 비슷하게 학교 복도도 폭을 조금 넓히면 사용을 넘어 이용할 수 있게 된다. 뛰어난 실내 이용자인 고양이에게 배운 대로 주위를 살피고 바람과 창가 밖의 풍경을 조금 더 세심하게 바라보면 생각하지 못한 방식으로 복도를 다양하게 이용할 수 있다.

제대로 된 공공 공간이 없어 할 수 없이 카페에서 공부해야 한다면 이는 커피 값을 주고 공공 공간을 산 것이다. 이때 공간은 돈과 바꾼 '교환 가치'로 환산된다. 베이징 사람들은 이른 아침 공원에 모여 태극권도 하고 체조나 볼룸 댄스를 한다. 도쿄에서는 아침마다 동네 사람들이 모여 라디오 체조를 한다. 그런 장소가 도쿄에만 424곳이다.

함께 모여 움직일 공간이 일상에 많고 공간을 그만큼 사용할 줄 안다는 뜻에서 공간을 '사용 가치'로 환산한다. 앞서 르페브르의 '공간의 생산'과 '공간의 실천'을 말한 것은 이런 이유에서였다.[11]

코펜하겐에 드로닝 루즈 다리가 있다. 4차로를 2차로로 줄이고 자전거 전용 도로를 만들었더니 2008~2016년 이 다리를 지나는 차량은 60퍼센트로 줄고 대신 자전거를 타는 사람이 하루 16,000명으로 늘었다. 다리에서 시간을 보내는 자전거 이용자가 많아지자 자전거 도로를 늘리고 보행로 폭도 넓혔다. 그런데 북서쪽에서 남동쪽으로 걸쳐 있는 다리의 남동쪽 보행로 이용자는 165퍼센트 는 데 반해, 북서쪽 보행로는 무려 1,400퍼센트가 늘었다. 남동쪽 난간은 해가 잘 안 드는데 북동쪽 난간에는 해가 잘 들고 돌도 따뜻하기 때문이다. 약 1.3킬로미터나 되는 난간에 기대거나 벤치에 앉아 구경하는 사람이 많다. '사용 가치'를 인식한 공간 사용법은 이렇게 쉽게, 상식적으로 만들어진다.

로테르담 쇼우부르흐 광장은 앉아 있는 사람, 롤러스케이트 타는 사람, 자전거 타는 사람, 춤추는 사람 등 하고 싶은 바를 마음껏 표출할 수 있게 설계된 것으로 유명하다. 이들은 공간을 이용할 줄 알고, 다르게 활용하는 방법을 배운다. 광장 바닥은 각각의 행동에 맞는 재료로 되어 있다. 광장이 보통 그렇지 않느냐고 할지 모르지만, 공간이 사용되면서 나타나는 가치를 어떻게 분명하게 물질로 바꾸는가에 주목할 필요가 있다. 공간의 '사용 가치'를 높이려는 건축가와 이를 실행해주는 행정 주체가, 시민이란 남이 만들어준 여건을 수동적으로 즐기는 사람들이 아니라는 점, 호기심 넘치고 제각기 정체성과 환상을 가지고 있다는 점을 생각하지 않으면 실현되지 못했을 것이다.

이 광장 주변에는 붉은 기중기 같은 것들이 있다. 동전을 넣으면 일정 시간 동안 춤추는 사람을 따라다니며 조명을 비춰주는 기계다. 밤이 되면 이 조명을 받으며 여기저기에서 춤을 추는 사람, 여기에 환호하는 사람들이 이 광장의 사용 가치를 확장한다. 그리고 공간을 사용하는 방법을 익힌다.

영국 건축가 세드릭 프라이스Cedric Price가 제안한 펀 팰리스Fun Palace는 건축물의 사용자(이용자, 활용자)가 어떤 사람인지를 알게 해준 중요한 프로젝트였다. 다만 이 계획속 건물은 지어지지 않았다. 런던 동부의 한 공원에 이동식 엔터테인먼트 시설을 갖춘 복합체로, 지역 사회의 일상을 회복하려는 시도였다. 트러스로 기둥과 보를 만들고 크고 작은 볼륨이 입체적으로 배치되고, 곳곳에 있는 엘리베이터와 에스컬레이터로 이 볼륨 사이를 오간다.

이 계획에는 바닥, 플랫폼, 크기가 다른 방만 있을 뿐 특정한 프로그램이 없다. 원하면 언제든 올 수 있고, 지나가면서 보면 그만이다. 그 안에서 무엇인 일어나는지는 스크린을 보면 된다. 입구를 찾을 필요도 없으며, 버스를 타든 지하철을 타든 어디서든 들어오면 된다. 문도 없고 로비도 없다. 마치 공장에서 물건을 생산하듯, 이 건물 안에서는 원하는 대로 행위와 사건이 탄생한다. 사용자의 의도에 따라 공연이나 관람 등 이벤트가 일어나고, 상황에 맞게 프로그램을 만들 수 있다. 어떻게 쓰는가는 사용자의 몫이다.

이 프로젝트는 자본주의로 소외된 개인을 고려해 필요한 환경과 사회 시스템을 제안한 건축적 실천이었다. 오래전 계획이라 도면은 딱딱해 보이지만, 당시에는 시스템 안에서 건축을 소거하는 계획이라는 평을 들었을 정도로 자극적인 발상이었다. 이 비건축적 계획은 실현되지 못했지

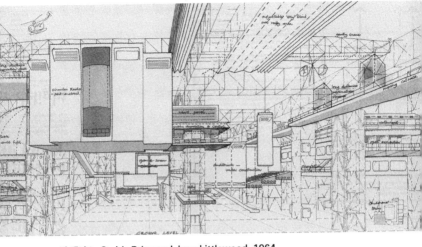

펀 팰리스, Cedric Price and Joan Littlewood, 1964.
ⓒianVisits

만, 1977년 어떤 전시나 공연이든 자유롭게 열 수 있는 파
리의 문화 복합 시설 퐁피두 센터가 탄생하는 데 큰 영향
을 미쳤다.

건축가 요나 프리드만^{Yona Friedman}은 이렇게 말했다.

건축가는 단지 대상이 축적되기만 하는 도시를 만드는 것
이 아니다. 도시를 '발명하는' 사람은 다름 아닌 주민들이다.
새로운 도시라 할지라도 사람이 살지 않는 도시는 그저 '폐

허'일 뿐이다. … 미학에 관심 있는 르코르뷔지에 같은 건축가들이 터무니없는 규칙을 발명한다. … 한 사람 한 사람이 가장 넓은 목적을 가지고 살 수 있는 구조물을 설계하는 것이 건축가의 책임이다. … 그래서 과정이 중요하다. 절대적으로 확실하게 결정할 수 있는 최종 결과란 존재하지 않는다.[12]

타자의 공동체, 교두보

중국 푸젠성에 있는 토루土樓는 흙벽을 둘러 견고한 성채처럼 보인다. 한가운데 마당은 주민 모두의 가장 공적인 장소다. 보통 4~5층인 주택의 거실과 식사하는 방이 모두 그 마당을 향하고 있다. 토루 중에는 800명까지 수용할 수 있는 것도 있다 하니, 4인 가족으로 계산하면 200가족 정도가 한 지붕 아래 사는 거대한 집합 주택이다.

토루에 사는 사람들은 이렇게 모여야 생존할 수 있는 공동체지만, 사적인 영역을 최대한 지켜야 하는 우리에게 아파트를 이렇게 지어준다면 모두 고개를 저을 것이다. 격리된 집을 모아둔 우리의 집합 주택은 이런 공동체와 전혀 다르기 때문이다. 공동체에는 이상형이 정해진 것이 없으므로 서로 달리 여러모로 해석하는 게 옳다. 그런데도 우리에게는 늘 땅을 기반으로 하는 농촌 공동체를 먼저 떠올리는 버릇이 있다. 농업을 기반으로 한 지역 공동체는 서로 작은 희생을 감수하며 화합해 어려움을 극복하는 집단이라고 믿고, 이것을 모든 공동체의 이상으로 여긴다. 우리의 아파트 공동체를 이런 농촌 공동체에 빗대 바라보는 이상, 도시에서 공동체란 이미 사라진 것, 파괴된 것밖에 되지 않는다.

땅에 근거하는 공동체는 땅에 속한 이들의 공동 규칙, 습관, 전통, 귀속이라는 닫힌 결속 관계로 성립한다. 그러나 이 공동체를 유지하려면 내부에 절대자를 불러들이거나, 내부의 누군가 또는 무언가를 희생하지 않으면 안 된다. 지금은 유지되기 어려운 방식이다. 인터넷 커뮤니티가 회원 아닌 사람은 배제하듯이 오늘날의 공동체는 바깥이 없다. 그러나 내가 사는 세상이 나와 무관한 세상과 따로 있지 않다고 생각하며, 기회가 많아진 세상에서 개인의 가치를 더 많이 찾으려 한다. 이전에는 '하면 안 된다'로 집단을 규정했으나, 지금 사회는 개인에게 맡겨 각자 '해야 한다'로 바뀌었다. 아파트가 폐쇄적인 것은 오늘의 공동체를 새로이 해석하지 못하고 근대 핵가족을 기본으로 한 근대 주택 구상을 지속하기 때문이다.

각기 다른 공동체라도 모든 공동체는 공간으로 성립한다. 따라서 공동체 해석은 다른 건축물로 갱신하는 근거가 된다. 이전에는 공동체가 장소에 고정됐지만, 이제는 공동체와 장소가 일대일로 대응하지 않는다. 한 집에서 평생 사는 사람은 거의 없으며 자식과 손주가 같은 집, 같은 동네에서 살 확률은 아주 낮다. 이동이 잦으니 서로 얼굴을 익힐 기회도 적다. 주택은 사고파는 것이며 시세 차이로 이익을 얻는 사회에서는 지역에 근거한 주택의 의미가 커질 수 없다.

사람이 모이는 방식에 따라 공동체의 건축적 성질이 달라진다. 집합 주택에는 아파트만 있는 것이 아니다. 기숙사, 수도원, 심지어 교도소도 넓은 의미의 집합 주택이다. 대학 기숙사는 공동체적 성격이 가장 느슨하다. 이에 반해 교도소는 삶이 구속되는 곳이고, 수도원은 신을 섬기는 수도자들이 제한된 영역에서 규범을 가지고 자급자족하는 집합 주택이다. 침대 열차도 일정한 공간에서 여러 사람들이 함께 지내긴 하지만 일시적일 뿐이다. 이처럼 공동체를 모이는 목적과 방식으로 구분해 해석할 때, 장소에 구애받지 않는 각각의 공동체에 맞춰 그에 대응하는 건축을 마련할 수 있다.

앞서 지적했듯이 도시에는 본래 탈공동체적인 이동과 교통 시스템이 먼저 존재하며, 토지나 이웃의 관계는 그 이후에 생겼다. 또 도시란 특정한 규범이나 형식으로 만들어진 것이 아니며, 불특정한 타자를 위한 열린 장場의 집합이다. 농경 사회와 달리 사람들은 익명으로 타자와 교류한다. 그렇기 때문에 도시를 구성하는 집합체에는 공동체의 규칙을 따르지 않는 타자가 늘 개입한다. 이런 도시에서는 동일성을 유지하려는 닫힌 공동체에 기대 건축을 구상할 것이 아니라, 오히려 불특정 다수 사이에서 열린 장을 찾아야 한다.

도시에는 주택이 퍼져 있다. 주택의 거실에서 일어나던 행위는 도시로 흩어져 나갔고 집 안의 식당도 집 밖에 산재한다. 24시간 편의점에서 먹을거리를 사는 사람에게는 편의점이 주택의 일부다. 편의점이 식당이고 거실이며, 편의점에 이르는 동네 길은 복도가 되고, 이렇게 되면 부엌 없는 주택, 욕실 없는 주택이 생길 수도 있다는 생각이 전혀 새로운 주택, 전혀 새로운 건물 유형을 만들어 낸다. 그러면 주택은 거실과 방과 부엌과 현관 등의 합이고, 주거동은 이런 주택의 합으로 이뤄진다는 닫힌 공동체적 사고에서 벗어날 수 있다.

현대 사회에는 내가 사는 동네, 일하는 동네, 여가 생활을 하는 동네 등 세 동네가 있다고 한다. 생활하는 공간이 지역 공동체와 물리적 공간과 일치하지 않는다는 뜻이다. 직장을 중심으로 생활하는 사람은 일터를 중심으로 행동 영역을 확대하는 동심원적 삶을 살며, 그게 정상이라고 생각한다. 이처럼 모든 지역 공동체는 동심원 구조로 이뤄진다.

그러나 도시는 지연이나 혈연 같은 모종의 인연으로 성립하는 공간이 아니다. 철저하게 자기를 감추는 익명의 공간이다. 이런 곳에서는 "우리가 남이가?" 하는 식의 오래된 공동체 개념이 성립할 리 없다. 원래 사회적 공간에서는 서로 얼굴을 맞대고 무언가를 해결하고자 할 때 커뮤니케이션이 일어난다. 사람만이 아니라 도심 공간 역시 자신을 드러내지 않고 구속되지도 않으며, 일정한 틀도 없다. 사람들의 움직임도 유동적이어서 그야말로 개체, 개인, 개별의 시대가 되었다. 이런 가운데서 가족이나 학연, 지연이 아닌 사회연社會緣 공동체가 나타나고 있다.

아무리 작은 도시라도 주택 밖에 전혀 의존하지 않는 주거는 없다. 집을 나서 길을 걷고 슈퍼마켓도 들르고 지하철역에서 직장으로, 학교로 간다. 생활은 주택 안에서만 이뤄지는 것이 아니다. 집을 나가는 순간 도시 전체에서 펼쳐진다. 따라서 도시의 주거는 주택만으로 선택할 수 없다. 가족의 직장과 얼마나 떨어져 있는지, 아이들 학교는 가까운지, 주택 아닌 요소들과의 밀접한 관련으로 결정한다. 근대 사회에서는 주거와 직장을 분명히 나눴지만, 지금은 주거 공간과 주거 이외의 공간이 보완적 관계이고, 생활은 이 둘의 합으로 이뤄진다. 이웃 주택뿐 아니라 유아 교육 시설, 고령자를 위한 돌봄 시스템, 다양한 상점 등 주택 밖 시설에도 깊이 의존하게 된다. 따라서 공동체와 지역성을 생각할 때는 주거와 그 밖의 건축 공간의 관계로 바라보는 것이 새로운 과제가 될 것이다.

우리 사회는 유동하는 사회다. 그 유동성은 결코 평면적이지 않다. 유동성이 높을수록 안정된 거점 장소를 강하게 요구한다. 도시와 건축에서는 유동 공간과 움직이지 않는 장소가 늘 섞여 있다. 이것이 정주와 유목의 관계다. 도시 같은 광역에서만 그런 것이 아니다. 정주와 유목의 공존은 오래전 학교 건축에 이미 나타나기 시작했다. 학생의 능력과 개성을 고려해 교사 여러 명이 분반해 교육할 때 학생은 다른 교사의 영역으로 넘어간다. 이런 수업 방식에서 학급은 학생 개인으로 해체되고 학생의 소속도 달라진다. 그러나 학생에게는 귀속하는 근거지가 있어야 한다.

편의점은 고객을 부르지 않는다. 고객의 흐름이 있는 곳에 재빨리 자리 잡는다. 편의점은 정확하게 유동 속에서 장소를 택하는 방식을 보여준다. 편의점에서 이를 배운다면 교육, 의료, 복지, 보육 등의 공공 서비스도 이전처럼 일단 건물부터 짓고 소프트웨어로 사람을 부를 것이 아니라, 요구가 있는 곳을 찾아가 서비스를 주고받는 유동적인 건축 형식을 제안할 필요가 있다. 공공 서비스가 이렇게 개인 대 개인으로 이뤄진다면, 인구 감소 시대에 대비한 압축 도시compact city13 안에서 학교, 병원, 복지 시설, 보육원이라는 시설의 기능은 대부분 분산될 것이다.

도시 사람들은 서로 이름도 직업도 알지 못하지만 이들을 받아들이는 장소를 찾아낸다. 그리고 이 장소를 교두보 삼아 또 다른 장소를 발견해나간다. 이 교두보는 모두 건물이고 시설이다. 가게든 역전이든 모두 건축으로 이뤄진 장소, 잘 알려지지 않은 장소, 소수에게만 의미를 갖는 장소들이다. 단지형 아파트가 아닌, 새로운 공동 주택 유형을 구상할 수 있는 단서가 여기에 있다. 처음에는 이 교두보가 그리 중요해 보이지 않을 수도 있다. 하지만 시간이 지남에 따라 공동의 규칙을 따르는 배타적인 공동체가 아니라, 타자 공동체가 도시의 새로운 공동체가 되도록 다른 모습의 공동체를 예상하고 조성하고 기다리는 것이 중요하다.

공과 사, 공공公共

1748년 지암바티스타 놀리Giambattista Nolli라는 건축가가 교황 베네딕토 14세의 의뢰를 받아 〈놀리의 지도Nolli Map〉라는 독특한 로마 지도를 제작했다. 이 지도는 건물 등 사람들이 함부로 드나들 수 없는 곳은 검게, 광장이나 길처럼 언제나 자유로이 드나들 수 있는 곳은 희게 그렸다. 지도에서 유달리 하얀 건물은 모두 성당이다. 검은색은 사적 공간을, 흰색은 공적 공간을 나타낸다. 성당은 누구

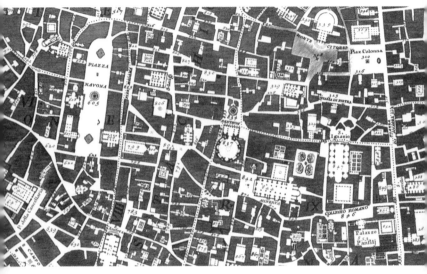

지암바티스타 놀리, 〈놀리의 지도〉, 1748년, 167×204cm.
ⓒMorphocode Academy

나 언제든 자유로이 드나든다는 점에서 길이나 광장 같
은 공공 공간이라 보았다. 이것은 도시 로마의 공적, 사
적 공간을 나타내는 지도다.

　오늘날 성당은 신자들이 비용을 대 짓는 민간 건물이
지 공공 건축이 아니다. 그러나 옛날 유럽에서 대성당은 나
라의 세금으로 지은 공공 건축물이었다. 성당은 빈민을 구
제하는 구호소였고 아이들을 가르치는 학교였다. 시간

을 거슬러 올라가면 건축은 생겨날 때부터 여러 기능이 집약된 공적 존재였다. 그러던 것이 사회가 발전하면서 병원이 교회에서 독립하고, 학교도 따로 세웠다. 기능을 구분해 그중 많은 것이 사적 소유물이 되었다. 그 결과 건축의 사회적 종합성, 곧 공공성이 크게 희박해지고 말았다.

건축이 사회와 관계하는 중요 개념이 공소, public과 사私, private다. 공과 사란 엄밀하게 말하면 소유권에 관한 법적 개념이다. 공유와 사유, 공익과 사익이라고 표현하듯 소유 주체에 따라 건축의 공과 사가 나뉜다. 그러나 건축에서는 건물의 쓰임새와 영역에 따라 공과 사를 구분한다. 따라서 건축에는 미적인 것만으로는 결코 판단할 수 없는 측면이 많다.

건축물에는 사유물이 많다. 내 땅에 내 돈으로 내 건물을 지었으니 당연히 내 것이다. 그러나 건축물은 그렇게만 단정할 수 없는 복잡한 관계 속에 있다. 건축물은 도시나 마을에 어떤 식으로든 혜택을 받아 세워진다. 집은 호주머니에 넣을 수 있는 게 아니기 때문에, 짓고 나면 반드시 주변에 영향을 미친다. 소유자는 모두 다르더라도 지붕이나 파사드는 마을과 도시 풍경에 더해져 전체의 일부가 된다. 경관을 좋게 유지하는 것은 모두가 힘을 합쳐야 하므로 매우 어려운 일이지만, 반대로 집 하나로 쉽게 전체가 훼손되기도 한다. 그러나 이 당연한 사실을 진지하게 받아들일 수 없다면, 어떤 건축도 사회적 연결 없이는 홀로 성립할 수 없다는 사실을 인정할 수 없게 된다.

공공 건물도 마찬가지다. 내 땅에 내 돈으로 내 건물을 지었으니 당연히 내 것이라는 논법이라면, 모두의 세금으로 지은 공공 건축은 마땅히 모두의 소유다. 학교 건축의 발주자는 교육청이지만 사용자인 교사와 학생을 위해 짓고, 교육청은 교육 제도를 실천하기 위해 짓는다. 공적으로 발주한다고 해서 시장이나 도지사의 것이 아니다. 건축물은 주변 환경과 지역 사회에 미치는 영향, 발주자와 건축가, 실제 사용자, 인근 주민 사이에서 공과 사의 관계가 두루 대립하는 가운데 존재한다.

여기에 공공성公共性이라는 용어가 있다. 보통은 공공성을 사회 전체의 이익을 위해 개인의 이해관계를 통제하는 공권력으로 받아들인다. 그런 탓에 '사'는 사생활이 자유로운 것, 공동체를 거절하는 것, 지나치게 커지는 사유화에 대한 반작용으로 이해하고, 최근 들어 부쩍 많이 쓰이고 심지어는 남용하는 경우도 많다. 그래서 공공성을 '공과 사 사이의 공백을 메우는 것', '사유가 지배하는 도시에서 공유와 공존의 가치를 드러내는 것', '사유와 사유 사이, 사유와 공공 사이, 공공과 공공 사이 같은 중간 영역'으로 보는 것을 당연히 여기고 있다.[14]

건축 전문가들도 공과 사라는 법적 구분을 감성적으로 이해하기는 마찬가지다. 이를테면 '사적인 영역의 공공성 확보'라는 표현이다. 듣기에는 그럴싸하지만 사적인 것이 왜 공공성을 확보해야 하는가? 이유가 분명하지 않다. 또 '공공성을 고려한 공간은 일반인들이 자연이나 문화를 자유롭게 즐기게 해준다'고도 말하니, 이 정도면 공공성은 건축의 묘약이다. '건축은 공공의 이익을 위해 정한 건축법 규정을 따르므로 모든 건축은 공공성을 띤다'고 하는 이도 있다. 그렇다면 법 규정을 받는 산업은 모두 공적인가?

공공성을 이렇게 이해한 나머지 건축에서는 '삶의 공백을 메운다'며 공과 사로 구분된 공간 사이에 '공共, common'을 넣었다. '公+共+私'의 관계다. 공공 건축물의 예산을 절감한다고 공용 면적부터 줄이면서, 아파트에는 공과 사 사이에 로비나 복도 또는 라운지와 같은 공용 공간을 끼워 넣는다. 그러나 이 공간은 여전히 사유와 공유를 전제로 하고, 사적인 전용 면적을 잘라낸 것이다.

'공적인 것'은 국가가 구현하는 것이고, '사적인 것'은 자본과 시장이 지배한다. 법도 땅을 공과 사로 구분하지만, 그렇다고 공共을 말하지는 않는다. 법에는 사私와 공公 사이 공共이 있지 않다. 그런데도 사유가 지배하는 도시에서 공공성을 공존의 가치를 만들어주는 구체적인 가치로 믿는다. 공공성은 비대해진 '사'를 질타하며 공공에 기여하게 하는 공적 의무로 작용하는 경우가 많다. 이렇게 해 공공公共은 공公과 같은 말이 되었고, 일반적으로 '공공公共 대 사私'의 관계로 인식하게 되었다.

1960년대 우리나라는 도로와 항만 건설, 하천 정비 등 공공의 이익을 위한 사업을 국가 예산으로 실행했다. 그래서 공공 사업이라고 하면 철근 콘크리트와 철을 사용한 토목 구축물을 먼저 떠올린다. 반면 개인에 대해서는 토지와 주택을 소유케 하는 정책을 폈다. 주택은 집만이 아니라 가구, 가전 제품 등을 모두 포함하므로 경제 효과가 대단히 컸다. 토목은 공적 성격이 뚜렷한 반면, 주택은 개인에게 맡겨진 사적 재산으로 고착했다.

도시에 살면서 누리는 사적 공간은 오직 주택뿐이다. 공과 사 가운데 대부분의 '사'는 주택이다. 주택을 벗어나는 순간 교통, 정보, 에너지, 유통, 방재, 치안 등 행정이 관리하는 공적 공간으로 둘러싸인다. 주택은 사적 공간이고, 도시는 행정이 지배하고 관리하는 공적 공간이 되었다. 이런 이유에서 우리는 도시는 공(公)이요, 건축을 사(私)라고 여기고 있다. 그러나 이것이 맞는 생각일까?

상업 시설이 점차 거대해지고 누구나 이용한다는 점에서 공공 공간과 비슷한 성격을 띠게 되었다. 그러나 자본가가 구매욕을 자극하기 위해 만든 상업 공간은 개인이 소비하고 구매하면서 만족하는 사적 공간일 뿐 공(公)이 제공한 곳이 아니다. 이런 과정에서 사(私)는 공(共)을 잠식했고, 이를 규제하는 공(公)은 공(共)을 자기 관리 아래 두었다.

그런데도 공공성을 지나치게 강조해 '건축은 공공재'라고 규정한다. 건축은 심의를 거쳐야 하고, 공공에 책임감을 가져야 한다는 뜻으로 공공재(公共財)라고 쉽게 말한다. 급기야는 국회에서까지 '주택은 투기 대상이 아니라 주거 공간이며 삶의 보금자리인 공공재'라는 말이 나왔다. 그러나 공공재란 집단 구성원이 함께 소비하는 재화나 서비스이고, 공공재 대부분은 국가가 제공한다. 따라서 투기 대상이 될 수 없는 것이다. 그러나 과연 국가가 개인의 주택을 제공해주는가? 그렇지 않으니 주택을 공공재라고 쉽게 말해서는 안 된다.

그러면 공공이란 어떤 것일까? 아렌트는 그리스 광장을 떠올리면서 '공적'이라는 용어가 세계 자체를 의미한다고 했다. 공공이란 '세계'다. 권력이나 행정이 아니다. 공공은 개인과 사회에 잠재한 바를 확장해 이뤄지는 '세계'를 말한다. 우리는 공공은 많이 말하고 이것으로 정책의 타당성을 강조하지만, '세계'로서의 공공은 전혀 생각하지 못하고 있다.

우리는 모두
건축가가 되어야 한다

공동의 큰 기쁨

공공 건축을 설계하는 과정에 주민을 참여시키는 경우가 있다. 주민들의 요구를 보면 사람들이 건축에서 찾는 바를 알 수 있다.

"우리가 바라는 것은 단순합니다. 살기 좋은 마을, 오래 살 수 있는 마을을 만들어달라는 겁니다."

"뿌리내리고 살면서 아이들 잘 키우고 즐겁게 살 수 있는 마을을 만들어주세요."

건축과 도시에 대한 이들의 발언은 요구이고 바람이고 욕망이며 희망이다. 그런데 그 요구는 모두의 바람이자 희망이고, 모두 함께 살기 좋은 곳에서 즐겁게 살고 싶다는 데 기쁨에 닿아 있다. 이런 공동의 기쁨은 결코 소비되지 않고 많은 사람에게 전해진다. 어쩌면 세대를 넘어 계속될지도 모른다. 수많은 미래의 건축주는 건축가와 건설자에게 '소비되지 않는 공동의 기쁨'을 기대하는 것이다. 그런데 이상한 것이 있다. 건축을 배우거나 준비한 것도 아닌데, 이제 막 세우려는 건축물 앞에서 어떻게 이런 요구를 할 수 있는 것일까?

서울 은평구에 있는 구산동도서관마을은 주민들이 서명 운동을 해가며 요청해 생긴 도서관이다. 도서관이라는 건축물 이전에 주민들의 바람이 먼저 있었다. 안내문엔 이렇게 쓰여 있다.

아이들에게 소리 내 책을 읽어줘도 눈치 보지 않는 도서관, 엄마들이 모여 책 이야기를 나눌 수 있는 도서관, 깔깔거리며 만화책도 보는 도서관, 악기도 연주하고 영화도 보는 신나는 도서관이 우리 곁에 있습니다. 코흘리개 아이들부터 어르신까지 마을 사람 모두 도서관마을에서 만나고 함께하며 행복하기를 바랍니다.

건물이 아름답다는 말은 없다. 모두 함께 하는 기쁨을 말할 뿐이다.

이런 공동의 기쁨은 건축에만 있다. 회화나 조각은 방에 둔다고 매일 보지 않는다. 건축이 주는 큰 기쁨은 대단한 명작 건축물에서 얻기도 하지만, 대부분은 창가, 등불 아래 식탁, 동네 뒷산, 저마다의 작은 세계에서 나타난다. 건축물은 전혀 움직이지 않지만, 공동의 기쁨은 반복되는 일상 속에서 나타났다 사라지곤 한다. 그래서 시민의 일상생활에는 건축이 주는 기쁨이 매일 반복되어야 한다. 그뿐인가? 문화나 세대가 다르고 언제 지었는지도 모르는 건축물일지라도 사람들은 건축물에서 공통의 가치를 깨닫는다. 아름다움은 시대나 지역 또는 취향에 따라 바뀌지만, 건축이 주는 기쁨은 지역과 문화를 넘어 변함없이 공통적이고 근본적이다.

고대 로마의 건축가 비트루비우스Vitruvius는 『건축십서建築十書』라는 건축서를 남겼다. 그는 건축의 가장 중요한 가치를 용用, utilitas·강强, firmitas·미美, venustas라고 했다. 건축물은 유용해야 하고, 강하고 내구력이 있어야 하며, 아름다워야 한다는 뜻이다. 그런데 1624년 영국의 외교관으로 건축 이론을 중요하게 여겼던 헨리 우튼Henry Wotton은 라틴어 'venustas'를 'beauty'가 아니라 'delight'로 옮겼다. 왜일까? 매우 의미심장하다. 건축을 아름다움으로만 보지 말고 그 너머의 기쁨으로 대하라는 말이다.

영어에는 기쁨을 나타내는 말이 여러 가지다. 불안이나 불만 없이 행복한 기쁨은 'happy', 육체적 감각 등 나의 에고에서 오는 일시적인 만족감은 'pleasure'다. 감사하는 기쁨은 'glad'고, 대상이 분명한 만족은 'pleased'이며, 이보다 큰 기쁨은 'joy'다. 'delight'는 'joy'보다 큰 기쁨이다. 'very delighted'라는 표현은 없다. 이것은 소중한 것을 가지고 있다고 깨달아서, 바라던 것이 이뤄져서, 생각만 해도 웃음이 나는 기쁨이다. '연인은 눈으로 말하며 기뻐한다'고 할 때도 'Lovers are delighted at speaking through eyes'고 한다.

더욱이 'delight'는 영혼의 영역에서 나오는 기쁨인데, 시詩가 주는 기쁨 역시 'delight'다. 미국 시인 로버트 프로스트Robert Frost는 '시는 기쁨에서 시작해 지혜로 끝난다A poem begins in delight and ends in wisdom'고 했다. 사랑이 기쁨에서 시작하듯이, 시는 '기쁨'이라는 동기에서 시작해 인생을 다시 해

석하는 지혜를 준다는 뜻이다.[15]

집은 나의 몸을 에워싼다. 해가 지고 어두워지면 집은 내 몸을 에워싼 옷만큼이나 가까운 존재가 된다. 해가 지고 어두워지면 집에는 불빛이 나타나고 사람들이 모여 앉는다. 밤의 불빛에 사람들은 더욱 가까워진다. 이럴 때의 기쁨은 예술적인 아름다움에서 오는 것이 아니다. 집에 머물면서 저도 모르게 얻는 큰 기쁨이다. 그 안에 있다는 감각, 건축이 주는 'delight'다. 집이 몸을 에워싼다는 감각은 세상 모든 사람이 느끼는 감각이다.

인간은 구석기 시대 말에 드디어 스스로 집을 짓고 내부 공간을 만들었다. 농사를 지으며 정주한 신석기 시대에는 흙, 돌, 나무 등으로 무너지거나 지붕이 날아가지 않게 하는 것이 중요했다. 그리고 불을 피워 따뜻하게 하는 것에 만족했다. 이때의 집은 아름답지 않았지만 추하지도 않았다.

그런데 청동기 시대에는 이해할 수 없는 일이 생겼다. 수렵 시대에는 지모신地母神을 섬겼는데, 농사를 지으면서 태양이 세상을 지배한다는 사실을 깨달았다. 지모신에게는 공물을 바쳤으나 태양에게는 이런 것이 의미가 없어 보였다. 그래서 그들은 하늘을 향해 기둥을 세웠다. 높고 질 좋은 나무를 고르고, 아주 멀리서 큰 돌을 가져왔다. 기둥을 여러 개 세우면서, 가을에는 낮이 짧아져 어둠으로 들어가고 봄이 되면 만물이 소생하는 태양의 움직임을 더 잘 알게 되었다. 기둥을 세우기는 힘들었지만 함께 세운 기둥에는 공동체의 염원과 기쁨이 차 넘쳤다.

땅을 딛고 빛을 받아 빛나는 수직 기둥은 땅에 짙은 그림자를 드리웠다. 모두의 바람을 담아 땅에 누운 돌을 일으켜 세우니, 돌은 그야말로 존재감을 뽐내는 큰 기쁨이요 아름다움이었다. 더욱이 그것이 놓인 땅과 하늘과 자연이 이미 아름다웠다. 이 아름다움은 눈에만 아름다운 것을 넘어 공동체 사회 모두의 기쁨이었다. 그들은 뭔가를 구축함으로써 모두의 큰 기쁨과 진정한 아름다움이 온다는 사실을 알고 있었다.

신기한 것은 유럽, 아프리카, 아시아를 가리지 않고 농사를 지은 민족은 모두 기둥을 세워 태양에 감사했다는 사실이다. 특히 아일랜드, 영국, 프랑스에는 5만 개나 되는 멘히르menhir가 있다는데, 그 옛날에는 이보다 천 배, 만 배 더 많았을 것으로 추측한다. 기둥을 세우는 것은 한 지역만의 일이 아니라 모든 인간에 내재하는 '큰 기쁨'이었다는 뜻이다. 이 사실에 별다른 흥미를 느끼지 못한다면 건축을 배워봐야 소용이 없다. 건축을 이해하고 받아들이며 사회와 관계해 생각하는 첫 지점이 이 사실을 마음 깊이 받아들이느냐 아니냐에 있다.

철학자 존 듀이John Dewey는 '건축은 어떤 예술보다도 인간의 공동 생활을 찬미하는 예술'이라고 했다. 건축이 주는 기쁨은 보편적이고 공동적이며 사회적이다. 건축은 모두가 공유하는 사회적 예술이다. 그래서 'venustas'는 미와 기쁨을 다 담고 있다. 이 큰 기쁨이 건축과 사람을 잇는 접점이다. 건축이 사회와 소통하는 가장 강력한 통로는 다름 아닌 기쁨이다. 이것이 오늘날 건축물에서 반드시 구현해야 할 인간과 공간의 관계다. 건축가가 사람들의 기대를 배반하면 안 되는 이유도 여기에 있다. 아렌트가 말한 '세계'도 이것이었다. 천천히 읽어보자.

세계는 우리 모두에게 공통이다. 그것이 세계의 유일한 성격이다. 세계가 모든 이에게 공통이라는 것 때문에 우리는 세계의 리얼리티를 판단할 수 있다. 그리고 공통 감각(상식, common sense)은 정치적 속성의 위계 중에서 매우 높은 순위를 차지하고 있다. ⋯ 따라서 어떤 공동체에서 공통 감각이 현저히 줄어들고, 미신이나 깊이 생각하지 않고 쉽게 믿는 풍조가 현저히 늘어난다는 것은 거의 틀림없이 세계로부터 소외가 진행되고 있다는 증거다.[16]

집, 도로, 편의점, 공원, 언덕, 하천 등은 사람이 선을 그어 만들어낸 것이다. 그러나 생활 환경을 이루는 사물은 이전부터 존재했고, 사람보다 수명도 훨씬 길어 앞으로도 그곳에 계속 있을 것이다. 이런 사물로 기억이 이어진다. 공동체의 기억, 공유하는 기억을 담는 것은 환경과 경관을 이루는 사물들이다. 일상에서 문득 비일상성을 느낄 때 건축의 '큰 기쁨'은 기억으로 잠재한다. 사회가 건축을 소중히 여기고 좋은 건축물을 만들어야 하는 이유다.

만일 큰 재해로 생활 환경을 한순간에 잃는다면 사물들, 복잡하게 얽힌 나와 가족의 기억과 흔적, 함께 살던 공동체의 기억도 함께 사라질 것이다. 고유한 경관을 소중히 여기지 않고 멀쩡한 산을 깎아 어디에나 통용되는 방식으로 개발하면 기억도 금방 사라진다. 개발 회사가 이윤과 효율만을 위해 도시 한복판을 밀어내고 고층 건물과 아파트 단지를 만들면 온 나라 풍경이 똑같아지고 지역 공동체와 지역의 고유한 색도, 기억도 사라지고 만다. 참 이상하게도, 그렇게 고유한 지역색과 기억을 잃고도 건축이 주는 '큰 기쁨'이 뭔지, 세계로부터 소외된 것이 무엇인지를 모르고 지낸다.

큰 재해를 당하지 않아도, 개발 회사가 밀어버리지 않아도 건축을 통해 공동체의 큰 기쁨과 기억을 지우는 방식은 많다. 설계하는 과정에서 건축가는 건축주만이 아니라 행정 공무원, 기술 협력자, 시공자, 주변 주민 등 다양한 입장과 요구를 가진 사람들을 만난다. 이 과정에는 협조도, 대립도 있다. 이상하게도 용用과 강强은 중시해도 '기쁨'을 논의하는 경우는 아주 드물다. 아렌트의 말대로 공통 감각이 줄고 '세계'로부터 소외되는데도 제대로 깨닫지 못하고 있다는 뜻이다.

앞서 이야기한 도쿄의 후지 유치원은 아이들이 공간의 주인이 되어 교육의 본질적인 '큰 기쁨'을 누리는 건축이다. 공간으로 기쁨을 주는 건축이야말로 소비되지 않는 건축의 첫 번째 조건이다. 오래전부터 내려온 세계의 토착 건축은 용이나 강을 중시하되 미를 우선으로 여기지는 않았다. 그 중심에는 늘 '기쁨'이 있었다. '기쁨'은 공동체의 지표이며, 건축가와 사람들, 공동체 또는 사회를 잇는다.

모두가 건축가가 되려면

건축은 많은 것을 만들어낸다. 그런 만큼 관계되는 사람도 참 많다. 건축물을 지으려고 마음먹은 사람, 건축물을 지을 수 있게 미리 그 틀을 생각하는 사람, 건축물을 짓는 사람, 건축물을 소유하는 사람, 건축물을 사용하는 사람, 매일 지나다니며 건축물을 보는 사람, 건축물을 고치는 사람, 심지어는 건축물을 부수는 사람까지 참으로 많은 사람이 관계한다. 이들을 우리는 건축주, 건축가, 시공자, 소유자, 사용자라고 부른다. 너무나도 당연해서 그다지 중요하지 않다고 지나쳐버릴지도 모른다. 그러나 무엇보다 중요한 의미다. 사람은 모두 넓은 의미의 건축가로 타고나기 때문이다.

'모두가 건축가'라고 하면 과장으로 들릴지 모르지만, 아주 먼 옛날부터 이것은 맞는 말이었다. 오래전 사람들은 비바람 막고 외적으로부터 몸을 지키기 위해 숨을 곳,

곧 피난처를 지었다. 이는 누가 지어준 것이 아니다. 같이 사는 사람들이 알아서 힘을 합쳐 지었다. 의지할 것은 자연이 만들어준 지형, 나무, 동굴 등 모두 외부의 조건뿐이었다. 주어진 모든 조건이 이미 건축이었지만, 그래도 인간은 살아남기 위해 스스로 집을 지었다. 지금도 자기 방은 자기가 배치하고, 제집을 지을 때면 서툴더라도 스스로 평면도를 그려보지 않는가?

오늘날에도 그대로다. 어느 날 갑자기 가족도 집도 모두 잃어버려 아무것도 없는 상황에 처했다고 하자. 당장 새 집부터 다시 짓겠다고 할 사람은 거의 없을 것이다. 다른 이의 집을 빌릴 수도 있겠으나 그마저도 여유가 없을 때는 누구에게도 의지하지 않고 혼자 살겠다고 마음먹는다. '홈리스'다. 이때 그가 의지하며 살 곳은 도시 자체다. 지하철, 다리 밑에 자리를 잡고 주변에서 얻을 만한 최소한의 재료로 몸을 덮을 장치를 마련하지 않으면 안 된다. 오늘날의 '홈리스'는 '숨을 곳', 곧 피난처를 지은 옛사람과 다를 바 없다.

이렇듯 인간은 날 때부터 집을 지을 줄 알았는데, 사회가 분화하면서 어떤 이는 농부, 어떤 이는 교사, 또 어떤 이는 정치가가 되었다. 그리고 집을 설계하는 건축가나 건설자 같은 전문가도 생겨났다. 이와 달리 날 때부터 의사이거나 변호사일 수는 없다. 정해진 내용을 공부해야 의사가 되고 변호사가 된다. 그렇지만 사람은 따로 배우지 않아도 '숨을 곳'은 만들 줄 안다. 유전자에 집짓기가 새겨져 있기 때문이다. 그래서 사람은 집과 건축을 떠날 수 없고, 본질적으로 넓은 의미의 건축가다.

인간이 처음 집을 지을 때부터 이렇게 해왔다. 노동의 역할을 분담하고 소유 개념 없이 모든 것을 나눠 쓰면서 생활하던 이들은 집을 지을 때도 모든 구성원이 함께했다. 아마존의 어느 부족은 공동 주택을 지을 때 남자들이 뼈대가 되는 막대기 등 구조체를 만들고 지붕을 얹는다. 여자들은 집 짓는 데 쓸 나뭇잎과 덩굴을 모은다. 특별한 지식이 있어 집을 지은 것이 아니다. 옷도 없이 벌거벗고 생활해도 집만은 반드시 지었다. 이처럼 집은 본래 공동의 시설이었다.

누구나 건축가인 만큼 어린이 놀이터를 만들 때도 조경가든 건축가든 동네 어른이든 담당 행정 부서의 도움을 받아 아이들이 직접 놀이터를 만들게 해야 한다. 아이들이 기존 공원을 개량한다. 또 다른 아이들이 또 그 공원을 고치고 자기들 놀이터로 바꿔나간다. 이렇게 하면 모두가 환경을 직접 설계하는 건축가가 될 수 있다. 사용하는 사람들은 공간과 장소에서 물건과 돈으로 바꾸는 방식으로는 얻을 수 없던 중요한 가치worth를 깨닫게 된다.

'나도 건축가'라는 생각을 가지고 건축물에 참여하면 좋은 공간과 장소에서의 삶, 사람과 사람의 관계가 무엇인지를 배울 수 있다. 그리고 작은 공간을, 내 마을에 꼭 있어야 할 공간을 만들 수 있다. 좋은 건축물을 만드는 것은 전문가가 훨씬 잘하겠지만, 근본이 되는 가치는 어쩌면 아이들의 생각 속에, 할아버지나 할머니의 담담한 말 속에 잠재해 있을 수 있다. 건축물과 장소에 관련된 문제를 함께 해결할 수도 있고, 도시의 미래도 지어나갈 수 있다. 이것이 바로 하이데거가 "사람이 거주하기에서 지을 때, 또 거주를 위해서 생각할 때"[17]라고 말한 바와 일치하는 방식이다. 사람은 건축물을 세울 때 거주를 생각하고 배울 수 있다.

모든 사람이 건축가라면, 제 몸을 보살피듯 우리 신체와 밀접한 건축을 보살필 책임이 있다. 건축은 나무처럼 자란다. 건축은 우리 몸처럼 키우는 것이다. 한번 지으면 그것으로 끝나는 것이 아니며, 한 번 쳐다보고 마는 물체가 아니다. 따라서 건축주든 건축가든 사용자든 건축물이 잘 자라 미래로 잘 전해지도록 공감과 공유와 기억이 풍성한 공간을 만들 책임이 있다. 건축물이 자라나는 곳에서 주변도 공동체도 도시의 문맥도 서서히 읽힌다.

이런 이유에서 나는 건축기본법을 작성할 때 제2조(기본 이념)을 '국가 및 지방 자치 단체와 국민의 공동의 노력으로 … 건축의 공공적 가치를 구현함을 기본 이념으로 한다'고 썼다. '공동의 노력'은 국민 모두가 건축을 떠나 살 수 없는 건축가라는 뜻이다. 또 법으로 제정되면서 없어지긴 했지만, 제3조(정의)에는 '건축의 공공성은 … 사회 공동체 모두의 참여와 노력으로'라는 조문을 넣었다. 이 나라가 '모든 이의 건축'을 실현하기를 바랐기 때문이다.

그럼에도 지자체가 대규모 국고를 지원받아 지은 박람회장이 행사 이후 쓸모없는 건물로 남거나 몇 해 만에 사람의 발길이 끊기는 경우를 많이 본다. '모두가 건축가'라는 사실과 '사회 공동체 모두의 참여와 노력'의 본뜻에 무감각해 생긴 결과다.

모두를 위한 대승 건축

소승小乘 불교와 대승大乘 불교의 '乘승'은 피안으로 타고 가는 수레다. '소승'은 깨달음을 얻은 사람만 구원을 얻으므로 수레가 작다. 작은 수레의 정원은 한 사람이다. 반면에 '대승'은 온 중생을 모두 태워 피안으로 이르게 한다는 뜻이다. 그래서 이 수레에는 수많은 사람이 탄다. 소승은 자기만의 해탈이 목적이지만, 대승은 자기와 타인의 이로움을 함께 추구하며 사회적, 활동적, 대중적 이타행利他行을 중요하게 여긴다. 소승은 현실 고통을 발판으로 하고, 대승은 이미 깨달은 본성에서 출발한다. 소승과 대승의 차이는 개인과 중생, 해탈과 현실을 어떻게 보는가에 대한 차이다.

불교가 대승과 소승으로 나뉘듯이 건축도 이렇게 나눠보면 어떨까? 소승 건축의 근거는 개인이고, 소비 사회의 전위적 건축가로서 작가와 작품을 중요시한다. 이에 반해 대승 건축의 근거는 사회와 타인이며, 사회적 배경, 그곳에서 영위하는 생활, 공동체의 가치를 더욱 넓게 수용하려 한다. 사람마다 생각이 다르니 어느 것이 옳다고 말할 수는 없지만 결국엔 소승 건축과 대승 건축 중의 하나로 나뉘게 되어 있다.

대승 건축의 수레가 크다는 것은 다양한 사람이 많이 탄다는 뜻이지만, 똑같은 사람만 타는 큰 수레도 있을 수 있다. 모더니즘이라는 수레가 그러했다. 모더니즘 건축은 열악한 환경을 기술로 바꾸고자 했는데, 이 수레에 탄 사람은 거의 모두 건축가뿐이었다. 그러나 건축가만이 아니라 다양한 사람이 함께 타는 건축, 사회에서 '모두의 것'으로 공유되며 존재하는 건축이 있다.

여기서 공유를 '소유'로 이해해서는 안 된다. '모두의 것'인 공기가 모두에게 고르게 베풀어지듯이, '모두의 것'으로 공유되는 건축은 모두를 배려하는 건축이다. 대승 건축이란 비록 주택 같은 사유물이라도 마을을 배려하고, 주민들도 관대하게 받아들이는 건축이다. 또 건축주, 건축가, 시공자, 주민 모두가 자랑으로 여기는 건축이고, 처마 밑을 지나는 사람에게 햇빛과 비를 가려주는 건축이다.

'모든 이의 건축'은 사회 문제를 의식하고 해결하고 실천하는 건축이다. 이런 의식을 지닌 디자인을 '사회적 디자인'이라 부른다. 그렇다면 건축에서도 에너지를 절감하거나, 환경에 끼치는 영향을 최소화하거나, 누구에게나 깨끗한 물을 공급하거나, 빈곤 문제를 조금이라도 해결하려는 목적으로 실천한 건축을 '사회적 설계 건축'이라고 부를 수 있을 것이다. 2007년 뉴욕의 쿠퍼 휴잇 국립 디자인 박물관에서 열린 전시 제목이《나머지 90퍼센트를 위한 디자인Design for the Other 90%》이었듯이, '모든 이의 건축'인 대승 건축은 사회의 90퍼센트에게 실질적인 혜택을 돌리는 건축이다.

슈퍼마켓에서 산 음식 재료에는 생산지 표시가 있지만 누가 어떻게 만들었는지는 알 수 없다. 식품 기업이 생산자와 소비자 사이에 개입하기 때문이다. 그러나 최근에는 어느 밭에서 딴 채소인지, 누가 어떻게 키웠는지, 어떤 토양에서 어떤 수원을 이용하는 밭인지를 알려주는 프로그램이 생겼다. 농가가 땀 흘려 키우고, 요리사가 시행착오를 거쳐 터득한 조리법으로 음식을 만드는 과정을 보면, 음식과 재료 그리고 자연과 사람이 합쳐 음식의 맛도 한층 풍부해진다.

그렇다면 '모든 이의 건축'은 건축 산업은 물론 그에 관련된 모든 이와 관계하는 건축이어야 한다. 건축 재료는 대부분 산업과 관계하는데도 건축가가 공산품 소비자처럼 제품만 선택한다든지, 집을 짓고 살아도 재료와 기술이 어떻게 생산되었는지를 모르고 사는 일이 많다. 함께하는 수많은 사람을 제외하면서 건축을 공유 자원이라고 할 수는 없다. 이처럼 '모든 이의 건축'은 윤리적 의미뿐만 아니라 산업적 측면에서도 실천되어야 마땅하다.

공共 = 코먼스commons

이 땅에 인류가 뿌리내릴 때 공共이 먼저 있었을까, 공公이 먼저 있었을까? 두말할 나위 없이 공共이 먼저였다. 땅과 숲처럼 모든 이가 함께 나누던 공共은 인류 역사와 함께했으며 사私가 나타나기 이전부터 있었다. 공共이 있기에 사私가 생겼다. 그리고 공公은 사私가 공共을 무리하게 많이 차지하는 것을 막기 위해 생겨났다. 따라서 공共은 사私와 공公의 바탕이지 사私와 공公 사이에 있는 게 아니다.

전통적인 코먼스commons는 근대 자본주의 이전에 영국에서 목초지 등의 자원을 공동으로 관리하는 공유림과 입회지入會地를 지칭하는 말이었다. 공유림은 주로 지방 자치 단체가 소유한 산림이고, 입회지는 일정한 촌락민이 공동으로 천연생산물을 채취할 수 있는 산림 원야를 말했다. 코먼스는 모두가 효용을 누려야 하는 자원이어서 특정 대상을 가리지 않는 비배제성이 특징이다. 지분 관념이 없으므로 지분을 팔 권리도 없다. 단지 공동체 구성원이라서 얻은 관습상의 권리만 있을 뿐이다. 그 공동체를 떠나면 권리는 없어진다. 그런 이유에서 코먼스는 공동체를 형성하는 중요한 개념이다.

엔트로피 경제학은 공(公)과 사(私)가 근거하는 코먼스를 자원으로 본다. 땅, 공기, 물, 햇빛, 숲, 어장 등의 자연 자원만이 아니라, 도로, 교통, 상하수도 등 우리 주변의 수많은 자원이 모두 코먼스다. 또 이를 반복해 사용하는 사람들의 행위도 코먼스다. 코먼스는 공동체가 공유하는 규칙과 규범에 따라 시민들이 공동으로 직접 자원을 이용하고 관리하고 책임지는 영역이다. 따라서 사유화할 수 없으며, 국가가 개입해 공적으로 관리하는 영역도 아니다.

'공(共)=commons'는 경제 전체의 토대다. 돈으로 살 수 없는 비화폐적인 것이며, 상호 부조적인 사회 관계로 보전한다. '공(公)=public'은 공(共) 위에 놓인다. 공적 재정으로 제공되는 재화와 서비스이며 스토크다. 다시 그 위에 '사(私)=private' 영역이 놓인다. 이도 마찬가지로 화폐를 매개로 하는 재화와 서비스, 곧 상품이다. 사私와 공公은 서로 반대인 듯 보이지만 화폐적인 플로우flow라는 점에서는 같다. 사私와 공公은 모두 공共 위에 있다. 공共이 없으면 사私도 없고 공公도 없다.

그런데 코먼스 자원은 대부분 자본주의 시장에 영향을 받지 않고 고립되므로 근대 화폐 경제에서 쇠퇴하고 말았다. 소유권이 사라지니 이를 이기적으로 사용하는 사람들이 많아졌다. 이에 이것을 사유화하든지 아니면 정부가 공적으로 관리할 필요가 생겼다. 20세기에 들어 자원을 효율적으로 활용하는 기술이 생기고 사私가 상품화하는 과정에서 행정 시스템인 공公이 강화되었다. 그 결과 공共은 줄고 사私가 커지는 역삼각형 구조가 되었다. 20세기 후반에는 공公과 사私 사이에 공共을 만들자는 생각이 나타났다. 공公과 공共이 합쳐 공공公共이 되었다. 그러나 공공公共은 공公의 힘으로 개인과 사회에 잠재한 공共을 확장하는 것이지, 이기적인 사私를 통제하는 처방이 아니다. 더구나 공공이 곧 행정을 의미하는 것도 아니다.

우리는 건축은 한번 지으면 오랜 시간 그곳에 남는다는 사실을 간과하고 있다. 발주자나 이용자, 지역 사회 주민보다 건축물의 수명은 훨씬 길다. 비록 사유물이라 할지라도 건축은 오랜 시간 지역 사회 안에 머물며 받아들여진다. 건축을 비롯한 많은 사물이 권리를 넘어 불특정 다수가 폭넓게 소유하고 이용하는 열린 공간·장소·정보가 된다. 건축은 공公과 사私에 대한 권리만으로 끝나지 않고 공共의 소유와 이용에 관계한다. 건축은 재화와 서비스에 대가를 치르지 않아도 소비를 막을 수 없다는 점에서 공유 자원shared resources과 공통점이 있다.

그러니까 풍경이 되고 환경이 되어 사회에 관여하는 건축은 '모든 이의 건축'이다. 건축물 하나하나는 소유자의 것이지만, 건축물이 모인 마을이나 경관은 소유자의 손을 떠나 모두의 것이 된다. 알제리 음자브 계곡M'Zav Valley의 엘 아테우프El Ateuf에는 크고 작은 집이 무수히 엉켜 있다. 온통 벽투성이인 집이 빠끔빠끔 뚫린 중정에 기대 생명을 유지하고 있다. 도시를 내려다보면 사람은 왜 이렇게 거의 같은 형식의 집을 유지하며 모여 사는지를 새삼 실감하게 된다. 더구나 중정은 이들뿐만 아니라 다른 문화에서도 나타난다. 같은 형식의 집이 '모든 이의 건축'이 되어 도시를 형성한다.

시에나의 캄포 광장을 둘러싼 건물들은 일률적으로 맞춘 것이 아니라, 건물을 지을 때마다 제각기 형편에 맞춰 벽을 세워 광장을 만드는 데 동참했다. 그런데도 이들은 모두 같은 형식으로 지붕, 벽, 돌, 바닥으로 집을 짓고 이것들을 무수히 결합하여 도시를 함께 만들어냈다.

도시에도 오래된 부락에도 비슷비슷한 건물이 반복해 나타난다. 개인이 소유한 지붕과 외관도 마을과 도시의 전체 풍경에 참여한다. 낱낱이 뜯어보면 조금씩 다르지만 건물에는 개개의 차이를 넘어서는 공통점이 있다. 이것이 그곳 사람들이 공유하는 건축 유형인 것이다. 이들에게는 건축 유형이 공유 자원이고 코먼스다. 이렇게 해 엘 아테우프와 시에나의 주민은 자기들 도시에 자부심을 갖게 된다.

오늘날 우리 도시에서 공*은 어떻게 나타나는가? 예를 들어 도시에 지어지는 일정한 규모의 건축물 앞에 공개공지公開空地를 마련하게 했다. 그러나 관리 체계가 없어 이를 영업 공간으로 전용하는 일이 생겼고, 불법 노점, 불법 주차 등으로 시민들이 이용하기 불편해졌다. 빌딩 앞 공지에 무단으로 시설물을 설치하고 영업을 하면 벌금을 부과하기로 했다. 공개 공지에 법을 마련하니 '공共'인 공지가 막연해졌고, 이를 다시 '공公'이 법으로 제어하겠다고 나선다. 이러한 공共은 외견상 모든 이를 배려한 것일 뿐 사용자인 개個는 계량 가능한 사람으로 환산되었다. 이런 공간은 법으로 유지, 관리되는 것이 아니다. 이런 방식은 표준화된 주택과 학교로 표준적인 행위를 요구한 것과 다를 바 없다.

이와 달리 하노이의 작은 공원에서 배드민턴 코트 두 개를 보았다. 공원에는 큼직한 나무가 여럿 있어서 한 코트는 약간 높은 구조물에 모퉁이가 걸리고, 다른 코트는 서비스 라인이 나무 밑 테두리 돌과 겹쳐 있었다. 그러나 이상할 것이 하나도 없다. 어릴 적 우리는 제대로 된 코트에서 운동을 한 적이 거의 없다. 적당한 장소를 찾아 야구도 하고 축구도 했다. 하노이 공원에서 배울 점은 규정에 맞지 않는 코트일지라도 이 공간을 잘 사용하고 싶다는 주민들의 의지, 곧 사용 가치를 확대하려는 사용 의지다. 장소의 특징과 결함은 사용법을 수정하면 된다. 문제는 되풀이해 그곳에서 재미있게 운동하는가에 달렸다. 사용 가치를 확대함으로써 '공共=commons'은 더욱 많아진다.

건축의 평면은 이런 코트와 같다. 함께 운동하는 사람 없이는 코트를 설명할 수 없듯이, 건축 평면도 그것을 함께 사용하는 사람을 빼고 말할 수 없다. 더구나 건축은 운동 코트보다 장소와 시간을 훨씬 많이 되풀이해 공유한다. 따라서 건축물 사용자는 사용하는 방식을 터득하고 새로운 방법을 발견하며, 공간과 장소의 특징과 결함을 수정해갈 수 있다. 사용 방식은 개개인에게 속한 것이지만 한곳에서 함께 학습한 것이어서 혼자 독점할 수 없다. 행동 양식은 그 장소에 익숙해진 이들이 공유하는 재산이다. 따라서 건축의 평면은 '공共, commons'을 확장하는 작업의 결과물이다.

21세기에는 코먼스와 관련해 사유私有와 공유公有로 분단된 현대 도시를 이타적인 협동으로 다시 구축하자는 움직임이 있다. 가정용 냉장고처럼 작은 규모의 자원부터 가로, 공원, 도서관, 공원, 아파트 공용 시설, 시가지 등 공동체적인 자원, 그리고 도시 차원에서 바라본 지역의 공간 자원이 모두 함께 소유하고 사용하는 코먼스다.

도시에는 거대한 건물과 아주 작은 건물이 혼재한다. 한 건물 안에 다수 업종이 혼재된 잡거雜居 건물도 있다. 도시란 크고 작은 건물, 잘생기고 못생긴 'B급 건축물'이 다 종다양하게 생겼다가 사라지는 곳이다. 이런 건물들은 허술할지라도 이미 존재하는 환경에 들어가 사회적 임무를 다하고 있다. 다소 거칠기는 해도 현실을 반영한 건물들이며, 이미 있는 장소에 접붙인 건물들이다. 어쩌면 이런 건축물이 우리 도시의 토착 건축이자, 이질적인 것들이 동거하는 사회적 자산이고 공유 자산이다.

현대 건축의 첨단 기술은 이런 건물에 아무 답을 주지 못하지만, 이런 건물은 지역 생활과 밀접하게 관계 맺고 오랜 시간에 걸쳐 집합한 것들이다. 또 버려진 것처럼 보일지라도 그 안에는 뛰어난 잠재력을 담고 있다. 이것을 정규 분포 곡선으로 바꿔 생각해보자. 제일 오른쪽, 작품이라 할 만한 건물이 2.14퍼센트라면, 'B급 건축물'은 무려 81.86퍼센트나 된다. 'B급 건축물'은 아름답지는 않지만 누구라도 이용할 수 있도록 바뀌어야 할 '모든 이의 건축'이고 우리 사회의 중요한 코먼스다.

생활자의 의지와 무대

근대화로 땅을 중심으로 한 대가족이 해체되었다. 그 결과 나타난 핵가족도 개인 생활자로 해체되었다. 1인 가구가 늘어난 이유는 많다. 맞벌이 부부, 고령화, 비혼, 또 학업이나 취업으로 홀로 사는 세대가 늘어났다. 이들은 가족, 기업, 근린 공동체라는 중간 집단을 거치지 않고 그대로 도시에 접속한다. 대도시에는 편의점, 피시방, 음식점 등 24시간 영업하는 상업 시설이 많이 나타났는데, 이런 시설의 주 이용자가 혼자 사는 사람들이다.

도시의 건축물은 소비자를 대상으로 짓는다. 그렇다고 해서 도시 사람들이 쉬지 않고 소비하러 움직이는 것은 아니다. 도시에는 서로 무관심한 사람들이 무리 지어 이동하지만, 그렇다고 이들이 한데 모여 사는 것도 아니다. 모든 사람은 움직이면서도 정주할 곳을 찾고 그 안에서 새로운 가치관을 발견하고자 하는 생활자들이다.

통상 건축에서는 '모두', '함께', '공동체', '연결' 등을 중시하고, '혼자', '독거'는 분단되고 이질적인 타자들의 고립 정도로 여긴다. 그러나 혼밥, 혼술, 혼영, 혼행, 혼핑, 혼놀 등 '나 홀로 문화'는 타자와의 관계에서 자기만의 공간을 도시에 의존하는 현상으로 이상할 것 없는 정상 현상이다. 따라서 이는 한 사람 한 사람의 문제가 아니라, 또 다른 의미에서 건축은 모든 이의 건축이어야 한다는 뜻이 된다.

르네상스 건축가 레온 바티스타 알베르티[Leon Battista Alberti]의 유명한 말이 있다.

> 도시는 커다란 주택과 같고, 주택은 결국 작은 도시와 같다.

인체에 빗대 부분이 모여 전체를 이룬다는 뜻이다. 이 오랜 말은 오늘날의 도시에도 그대로 적용된다. 많은 사람이 모이는 건축은 커다란 주택이고, 훨씬 작은 건축은 하나의 작은 주택이라는 뜻으로 해석되어야 한다. 물론 주택을 실제 집으로 받아들이면 안 된다. 이때 주택은 '주택'이라는 본성을 담은 시설이며, 주택보다 큰 건물, 나아가 도시도 '주택'의 본성을 담고 있어야 한다는 것이다.

미국의 도시 사회학자 레이 올든버그[Ray Oldenburg]는 집 또는 가정이라는 제1의 장소, 직장이나 학교라는 제2의 장소, 그리고 이것들을 잇는 제3의 장소가 '비공식 공공 생활'이라는 새로운 교류의 장이 된다고 보았다. 그가 말하는 '제3의 장소'란 카페, 술집, 음식점, 이발소, 미용실 등 익숙한 장소들인데, 이는 동네 사람들이 모여 시간을 보내는 곳, 아무 관계 없던 사람들이 어울리게 만드는 또 하나의 집[18]이다. 이 '제3의 장소'도 결국은 도시에 편재하는 '주택'이다.

혼잡한 도시에서 내가 사는 집은 길, 슈퍼마켓, 공원, 지하철역, 직장, 학교 등이 지닌 '주택'의 성질로 이어져야 하고, 유동성이 높아진 현대 도시에서 터전이 되는 안정된 장소는 '주택'의 본성을 담아야 한다. 그래야 생활 무대가 주택에서 시작해 도시 전체로 펼쳐질 수 있다.

혼밥, 혼술, 혼영, 혼행, 혼핑, 혼놀이라는 나 홀로 생활 양식은 자폐나 고립이 아니다. 그것은 가장 작은 '주택'에 대한 갈망이고 자립에 대한 의지다.

'소로에게는 월든이, 나에게는 인왕산이.'

김다은의 『혼밥생활자의 책장』에 나오는, 짧지만 매우 시사적인 소제목이다. 그는 혼자 산다는 것은 외롭게 사는 것이 아니며 나 자신과 함께 사는 것이라고 말한다. 헨리 데이비드 소로Henry David Thoreau가 2년 동안 홀로 지낸 숲 속 생활처럼 혼자 생활하는 사람의 의지는 고독을 넘어선 삶의 충족감이며, 어떤 것에도 구속받지 않으려는 자주성을 나타낸다는 것이다. 계속해서 이 책은 '사회란 혼자 사는 사람들이 뿔뿔이 흩어져 있는 사회가 아니다. 혼자 사는 사람들이 단단하게 모여 있는 사회로 우리가 나갈 때 비로소 우리는 성장의 기회를 얻는다'고 말한다. 그런 의미에서 우리는 '사회적 개인주의자'[19]가 되어야 한다. 이로써 개인은 자기 삶에 기여하는 건강한 '나'로 존재할 수 있다. 그런 개인이 모여 공동체를 이루고 그 힘으로 사회를 바꿔나갈 수도 있다.

오늘날 도시 한가운데 사는 사람은 고독해서는 안 된다. 도시 사람이 스스로 짓고 진지하게 생각하며 의미 있는 삶을 살려면 생활이 주변을 향해 펼쳐져야 한다. 그것으로 주변 사회를 만들어간다는 책임감을 아울러 가져야 한다. 그러려면 개인은 도시의 어느 공간에 몸을 둬야 할까? 한 사람 한 사람이 거대 도시에서도 개체의 독립성을 얻는 '주택' 같은 장소가 편재해야 하고, 한 사람 한 사람의 고독한 장이 집단 안에서 존중받는 공간을 만들어야 한다.

이런 생각을 고대 그리스로 옮겨보면 어떻게 될까? 고대 그리스에는 콘트라포스토contrapposto라는 아름다운 자세의 크리티오스Kritios 소년 조각상이 있다. 이 소년은 이름난 육상 선수였다. 그러나 이 조각상은 박물관 전시물도,

공공장소에 단순히 놓인 사물도 아니었다. 건축사가 스피로 코스토프^{Spiro Kostof}는 이 조각상을 이렇게 묘사했다.

> 젊은 운동선수 조각상이 사각 대좌 없이 공적인 장에 서 있었다. 근육은 벌거벗은 몸의 생명력을 분명히 나타내고 있으며, 한쪽 다리에 기대면서 몸의 무게를 미묘하게 다르게 분배하고 있었다. 머리는 뻣뻣하게 앞을 응시하지 않고 고개를 부드럽게 한쪽 앞으로 약간 숙이면서, 돌의 표면 밑에 있는 내성^{內省}, 사고, 정신을 암시하고 있었다.[20]

크리티오스의 소년 조각상은 공적인 '세계'에서 존중받는 인간의 본모습이었다.

그렇지 않은 자리가 워낙 많아 고대 그리스의 이 조각상 이야기는 우리 현실과는 동떨어진 이야기처럼 들린다. 백화점 에스컬레이터나 엘리베이터 옆에는 넥타이나 와이셔츠 코너가 있고, 그 사이에 잠깐 쉬라고 마련해둔 의자가 있다. 그러나 이처럼 많은 사람이 가까이 스쳐지나는 곳에 우두커니 앉아 있으려면 되려 민망해지는 장소가 있다. 이런 곳은 공공장소라고 부를 수는 있어도 나는 여러 사람 중의 하나가 되어 공적 장소에 머물 뿐이다. 물론 반대되는 예도 있다. 충남도서관에는 의자가 여러 개 있는데, 긴 책상에 늘어앉기도 하고 둘씩 나란히 앉아 책에 집중하기도 하며, 널찍한 로비에 사람이 있건 없건 혼자서도 어색함이 느껴지지 않는다. 어떤 자리에 앉아도 이런 작은 배려가 왠지 책 읽는 한 사람 한 사람을 존중하는 느낌을 준다.

한 사람 한 사람의 고독한 장이 존중받는 모습을 파리 뤽상부르 정원의 의자에서도 확인할 수 있다. 가벼운 의자를 외딴 곳으로 가져가 혼자 머물다 떠난 이들이 남긴 의자들이 드문드문 나타난다. 의자는 고독을 나타내기도 하지만 구속받지 않으려는 자립성도 아울러 나타낸다. 많은 사람이 모이는 장소인데도 '나 자신과 함께하는' 고독한 장소를 확보해 주는 건축. 이것이 개인으로 분산된 사회에서 개인을 존중하는 건축의 바탕이며 소비되지 않는 건축의 시작이다. 그리고 다름 아닌 바로 '이' 내가 존중받는 학교, 도서관, 주민 센터, 경로당, 어린이집, 그리고 백화점의 로비, 공원 등 우리 주변에 있어야 할 건축의 공간과 장소의 모습이다.

물화物化를 다시 읽다

공간화·건축화·사회화

이제까지 사회가 건축을 만든다고 말했고, 또 그렇게 사회는 건축을 만들어왔다. 그러나 반대 회로도 있다. 건축에는 사회를 구축하는 힘이 있다.

그렇다면 새로운 사회는 새로운 건축과 함께 제시되어야 한다. 새로운 프로그램은 구체적인 건축으로 제안할 때 비로소 가시화되고 현실적인 실천으로 공유할 수 있게 된다. 아렌트의 말을 빌리면 사회의 '물화物化'다. 건축의 물화, 곧 건축과 인간이 관계 맺는 방식은 '공간화', '건축화', '사회화'라는 세 단계[21]로 이뤄진다.

작은 주택에서 물화의 세 단계를 살펴보자. 1960년 미국 펜실베이니아 북쪽 하트보로의 노먼 피셔 부부는 100년 넘은 나무들이 우거진 제법 넓은 땅에 집을 짓고 어린 두 딸과 함께 살고자 했다. 부부는 어떤 집을 짓겠다는 뚜렷한 생각 없이 지역 건축가 몇몇을 만났다. 이때 소개받은 건축가가 루이스 칸이었다. 그들은 칸이 20세기의 거장인 줄 알지 못했다.

그러나 부부는 이 주택을 설계하면서 밤 10시에도 사무소에 들러 건축가를 만났다. 칸은 주택 하나를 설계하면서 모두 아홉 개의 안을 만들었다. 건축주가 다른 의견을 내면 건축가는 계속 안을 바꿨다. 지하실을 제외하고 약 55평 정도인 주택을 설계하는 데 4년이 걸렸고, 짓는 데 3년 걸렸다. 조금 큰 아파트 크기의 주택을 7년 동안 지은 것이다. 이렇게 해서 탄생한 집이 명작 피셔 주택 Fisher House이다.[22]

남편 노먼이 세상을 떠나기 4년 전인 2003년, 피셔 부부는 「루이스 칸과의 7년」이라는 글에서 건축가와 함께한 7년을 '훌륭한 건축 교육 시간'이었다고 고백했다. 건축주는 완성된 주택에 대해서도 이렇게 말했다.

"만일 우리가 만족하지 않았다면 칸은 그 안을 수정하

지 않고 또 처음부터 다시 시작하려고 했을 겁니다."

그리고 이렇게 말했다.

이 집은 우리 부부의 삶과 따로 떼어 말할 수 없습니다. …
수십 년이 지나도 이 집의 아름다운 공간에 계속 놀라곤 합
니다. 다른 분들도 우리와 함께 이 집에 가득 찬 기쁨을 발견
해나가면 좋겠습니다.

나이가 들어 집을 신탁 기관에 맡기면서도 이 집이 주
는 기쁨을 다른 사람들과 공유하고 싶다는 건축주. 과연 건
축의 무엇이 이렇게 만들었을까?

첫 번째는 '사회의 공간화'다. '만족하지 않으면 처음부
터 다시 시작한다'는 말을 풀면 여러 사람의 입장과 요구
를 모으고 이를 공간으로 바꿔 생각한다는 것이다. 두 번
째는 '공간의 건축화'다. '훌륭한 건축 교육 시간'은 그렇
게 생각한 공간을 건축으로 만드는 것이다. 그리고 세 번
째는 '건축의 사회화'다. '우리 부부의 삶과 따로 떼어 말
할 수 없다', '이 집에 가득 찬 기쁨을 공유하자'는 말은 완
성된 건물이 사회에 정착하는 것을 말한다. '사회의 공간

화', '공간의 건축화', '건축의 사회화'는 피져 주택만의 이야기가 아니다. 물화의 3단계는 모든 건축물에 나타난다.

'사회의 공간화'는 사회의 요구를 공간으로 바꾸는 것이다. 건축은 직접 인간과 사회에 관계하기 때문이다. 이 단계에서는 '사람들은, 사회는 무엇을 찾는가'와 관련해 건축을 생각한다. 설계를 의뢰하는 이들, 여기 참가할 사람들을 포함해 그들이 희망하는 바를 공간으로 바꿔 생각한다. 이때 명확하게 의사를 표시하는 개인이나 집단은 그리 많지 않지만, 그럼에도 그들은 공간에 대한 욕망을 안고 있다.

건축가의 책임은 건축주의 요구를 받아 그를 비롯한 여러 사람이 공유하고 공감하는 공간을 제안하는 것이다. 설계안을 만들어 건축주에게 제안하고 의견을 나눈다. 두 사람 앞에 놓인 제안은 가정이고 가설이다. 신기한 것은 의견 차이가 있을지라도 건축주와 건축가는 그 가설을 공유한다는 점이다. 새로운 제안은 가설로서 성립하는 사고나 사상이 있을 터인데, 이것을 공유하지 않으면 건축은 성립되지 않는다. 이러한 과정을 보면 건축은 토론 안건과 같아 예술이라 부를 수 없다. 예술 작품은 제안이라는 가설 앞에서 공유하고 합의함으로써 성립하는 것이 아니다.

'공간의 건축화'는 건축이 구조, 설비, 내외장, 공법 등과 함께 이뤄지는 실제 작업으로, 건축가가 시간과 에너지를 가장 많이 기울이는 단계다. 그 시대의 기술이나 진보적인 개념, 건축가의 욕망으로 추진되는 단계다. 진보에 대한 욕망, 시대성, 기계에 대한 신뢰, 기술 혁신, 쾌적한 생활 환경, 지속 가능성, 중류 계급에 파급한 소비 문화 등 추상적인 의지가 강하게 작동한다.

학생들에게 건축주 없는 공간을 스스로 발견하고 스스로 목표를 세우고 스스로 해결해보라는 과제를 주면 아주 흥미로워한다. 이런 과제는 '사회의 공간화'와 '공간의 건축화'를 모두 학생이 결정하므로 사회로 이어지는 회로와는 아무 관계가 없다. 공공 건축물은 발주처에서 내용을 마련해주므로 건축가는 주어진 내용을 담는 그릇만 디자인하면 된다. 건축가에게 담아야 할 내용을 어떻게 해석할지 묻지 않는 경우는 건축화에만 관심을 둔 것이다. 또 강렬한 작품이 되도록 완성도를 최대한 높여 설계하는 경우나, 반대로 아무 공감 없이 오로지 물리적인 완성에만 관심 있는 태도도 이에 해당한다.

'건축의 사회화'는 완성된 건물이 건축가의 손을 떠

나 소유자나 이용자, 또는 사람들의 사회적 관계 속에서 사람들과 직접 관계하는 단계다. 이 과정에서 사용자, 이용자는 물론 그 배후에 있는 사회적인 의도가 되살아나며, 건축의 사회적인 가치가 확립된다. 지속적으로 사용하면서 장소나 공간을 체험하거나, 건물이 풍화되고 본래 목적이 소멸되면서 집단의 기억 대상이 되는 것도 이 단계다.

그러나 근대 건축은 '사회의 공간화', '공간의 건축화', '건축의 사회화'를 하나로 묶어버렸다. 살아가는 사람도 표준화했고, 표준화된 신체, 표준화된 가족, 표준화된 이용자, 표준화된 공간 분할, 표준화된 공법, 표준화된 재료, 표준화된 치수, 그리고 심지어는 표준화된 지역 사회를 지향했다. 그 결과 도시의 풍경마저 표준화해버렸다. 따라서 근대 건축에서는 '사회의 공간화', '공간의 건축화', '건축의 사회화'의 단계가 구별되지 않는다.

세 단계 중 '사회의 공간화'와 '건축의 사회화'는 공감, 공유, 공통 감각이 특히 많이 나타나는 단계다. 이를 공간으로 번역하고 건축물로 완성한 다음에도 지속적으로 사람들에게 관여하며 전체의 가치를 묻는다. 아렌트의 말이다.

대상을 완성할 때 따라야 할 모델에 이끌려 행한다. 이 모델은 경우에 따라 정신의 눈에 보이는 이미지일 수도 있고, 또 다른 경우에는 작업에 의한 물화를 이미 실험적으로 표현한 청사진이기도 할 것이다.[23]

'사회의 공간화'는 '정신의 눈에 보이는 이미지'이고, '작업에 의한 물화를 이미 실험적으로 표현한 청사진'이다. '건축의 사회화'는 이렇게 해석된다.

'완성해도 그다지 소멸하지 않는다. 완성 후에도 손상을 입지 않은 채 존속하고, 제작이 무한히 계속되도록 도움을 준다.[24]

공통 감각에 근거해 공감하는 도서관은 책을 읽는 곳, 수많은 책에 둘러싸인 곳, 책으로 상상하고 아이디어를 떠올리는 곳이다. 여기에 이의가 있을까? 미술관은 건축물과 소장 작품이 일치하고 사람과 작품이 일체가 되어 몰입하는 곳, 많은 사람과 함께하지만 한 사람 한 사람을 존중하는 공동체 시설이어야 한다고 할 때, 여기에 이의를 달 사람이 있을까? 심지어 죽어서 묻히고 싶을 만한 묘지까지 있어야 한다는 데 이의를 제기할 사람이 있을까? 건축은 사회와 공감하고 공유할 수 있어야 하며, 그렇게 해야만 진정한 건축이 성립된다.

젠네 모스크의 출현 공간

문명 비평가 루이스 멈포드는 사람이 사는 물리적 환경을 크게 '그릇'과 '도구'로 나누었다. '도구'에는 뚜렷한 목적과 기능이 있지만, '그릇'은 내용물을 담든 안 담든 시간 속에서 무언가를 계속 포용하는 것이다. 건축적으로 해석하면 그릇은 '무대'에 가깝다. 스틴 아일러 라스무센 Steen Eiler Rasmussen도 '건축가는 일종의 연극 제작자로 우리 생활 무대를 계획하는 사람'이라고 말했다. 평범한 사람이 살아가며 예측하지 못한 일이 일어나는 무대, '길고 느린 연기를 위한 무대'[25]다. 나아가 '우리'라는 공동체와 함께 펼치는 무대요, 사회가 배경이 되는 복잡한 무대다. 아렌트는 다른 각도에서 말했다.

인간이 만든 공작물이 활동과 언론의 무대도 아니고, 인간사와 관계의 망인 무대도 아니며, 활동과 언론에서 생기는 이야기의 무대도 아니라면, 그것은 궁극적인 존재가 아니다. 사람들이 말하지도 않고 그곳에 살지도 않는다면, 세계는 인간의 공작물이 아니라 고립한 개인이 멋대로 대상물을 덧붙인 관련 없는 사물들의 퇴적물에 지나지 않을 것이다.[26]

활동과 언론이 일어나지 않는 건축물은 무대가 아니다. 인간관계도 빈곤하고 이야기도 전개되지 않는 곳은 무대가 아니다. 아렌트가 말하는 '활동'이란 같은 생각을 가졌을 법한 여러 사람에 대해 자발적으로 언어나 몸짓으로 설득하는 행위다. 그래서 '활동'은 공개적이고, 외향적이고, 반드시 '언론'이 뒤따른다. 건축이라는 물리적 무대도 이 세상에 하나뿐인 사람들이 타인에게 자기 생각을 자유로이 밝히고 설득하며 공통 감각을 확인하는 장소여야 한다.

아프리카 말리의 젠네에는 세계에서 가장 큰 진흙 건물 젠네 모스크가 있다. 1988년에 유네스코 세계문화유산에 등록됐지만 안타깝게도 '100년 후 볼 수 없을 가능성

말리의 젠네 모스크. 1907년, 높이 16m. 유네스코 세계문화유산.
ⓒgerstenberger.weebly.com

이 가장 높은 세계 유산'에도 선정됐다. 젠네 모스크는 가까운 범람 하천의 진흙으로 지었다. 진흙은 이들의 코먼스다.

13세기 말에 지어 19세기 초에 파괴된 것을 1907년에 재건축했다. 이 모스크는 한 번에 지은 것이 아니다. 비가 와 무너지면 또 짓고, 남은 곳을 기초 삼아 다시 짓기를 몇 번이고 되풀이했다. 하이데거의 말대로 그들은 '지음으로써 거주를 배우고 생각하기를 배웠다.' 모스크는 공적 공간이며 그들의 역사이고 기억이다. 모스크 건물이 그들의 정체성이다.

3~5월 우기에 대비해 이곳 주민들은 해마다 한 달간 모스크 표면에 진흙을 바른다. 공公인 모스크는 인식으로나 재료로나 사私와 구분이 없다. 진흙을 바르는 날짜는 매년 달라지지만, 진흙 미장 조합 책임자와 젠네 시장 격인 코이라 코코이, 이맘, 각 지구 대표 등이 모인 원로 회의에서 한 달 전에 일정을 정한다. 결정이 난 다음 금요일 모스크 예배에서 이를 발표하고, 각 지구의 진흙 미장 도편수에게 전하면 모든 시민이 알게 된다.

지역 남자 4,000여 명이 총출동해 바니 강가에서 진흙과 짚 반죽을 운반한다. 보수 작업도 지구별로 조직을 나뉘 분담한다. 시작 날짜가 결정되면 남녀 각각 대표와 부대표를 정하고, 지구마다 거의 매주 회합을 열어 준비 작업을 한다. 지구별 도편수가 중심이 돼 최소 한 달간 독자적으로 진흙을 마련한다. 아렌트의 말을 빌리면 '활동'과 '언론'이 전개되는 것이다.

보수 작업에는 십대 후반부터 삼십대까지 남녀 모두 참여한다. 전날 지구별로 스무 명씩 대열을 갖추고 북소리에 맞춰 소리치며 발효된 진흙을 모스크 근처로 옮긴다. 진흙 운반에 세 시간 정도가 걸린다. 흙이 마르지 않도록 저녁에는 여자들이 물동이를 머리에 이고 와 진흙에 물을 붓는다.

당일 해가 뜨면 작업이 시작된다. 도편수 중 최연장자가 제일 먼저 모스크 중앙에 있는 미흐라브에 흙을 바르면, 이를 신호로 일제히 모스크 정면 벽을 기어올라 수복 작업에 돌입한다. 조금 떨어진 광장에서 보면 사람들이 얽혀 마치 싸우는 듯 보이는데, 이는 지구마다 바르는 자리가 달라 경쟁하기 때문이다. 8시쯤 되면 모스크 앞 광장에는 작업에 참가하지 않은 노인과 어린아이 수백 명이 모여 금방 바른 진흙이 서서히 회색으로 마르는 모습을 바라본다.

우기 전에는 매우 더워 진흙이 쉽게 마르므로 아침 일찍부터 진흙을 바른다. 모스크 내부 바닥과 옥상까지 흙을 칠하고 나면 오전 10시에는 작업이 끝난다.

일을 마친 사람들은 23킬로미터 떨어진 바니강에 몰려가 몸을 씻는다. 자리를 깔고 지켜보던 노인이나 감독하던 도편수, 관리인이 새로이 단장한 모스크 앞 광장에서 기도를 시작한다. 기도를 마친 뒤 악수를 나누는 것으로 보수 작업은 모두 끝난다.

시민 모두가 건설자이며 건축가다. 건축기본법에서 말한 '공동의 노력'이다. 모스크를 공유함으로써 도시 사람 모두가 깊은 연대를 느끼고 일체감을 확인한다. 이들에게 모스크는 '큰 기쁨'이다. 이 작업은 그래서 축제가 된다. 해마다 작업을 실천하는 이들에게는 '모두가 건축가'라느니 '사회의 공동 언어'라느니 하는 말을 따로 강의할 필요가 없다. '공공 건축은 이래야 한다'고 역설할 필요도 없다. 체험으로 알고 실천하고 있기 때문이다.

이것을 아렌트의 말로 해석하면 이렇게 된다.

출현할 공간이 없고, 공생 양식인 활동과 언론에 대한 신뢰

가 없다면 자신의 리얼리티도, 자기 아이덴티티도, 주변 세계의 리얼리티도 세울 수 없다.[27]

이들에게 모스크는 '출현 공간'이고, 해마다 모두가 함께하는 보수 작업은 '공생 양식'이며, 리얼리티와 아이덴티티의 발견이고, 살아가는 세계의 리얼리티를 세우는 방식이다. 이 공간은 결코 소비될 수 없다.

살아가는 세계의 리얼리티, 나의 아이덴티티, 공생, 출현이라고 하니 어렵게 들릴 것이다. 그러나 모스크를 둘러싼 젠네 사람들의 행위는 어렵게 들리는 개념을 이해했기 때문이 아니다. 그것은 이러한 행위가 이미 생활 속에서 시작하기 때문이다. 소비되지 않는 건축을 하는가 아닌가는 생각과 의지, 신념과 관념을 생활로 얼마나 받아들이느냐가 관건이다.

그런데 이것이 가능한 것은 흙이라는 재료 덕이다. 누구나 사용할 수 있으니 누구나 지을 수 있고, 더구나 누구나 동참할 수 있다. 건축建築의 '築'이 물질을 다지고 쌓는다는 뜻을 지닌 것처럼 그들은 생각과 의지, 신념과 관념을 흙으로 물화한다.

유네스코는 '주민 모두가 해마다 흙으로 함께 짓는 모스크 건물을 통해 젠네가 존재하며, 영혼, 지혜, 환영을 가진 경건한 도시로 남아 있다'고 설명했다. 모스크 건물은 그들 사회에 근원적 희망을 드러내는 대승 건축이다. 그래서 반문한다. 우리는 과연 무엇으로 우리 사회의 근원적 희망을 드러내는가?

모두의 미래를 짓기 위하여

건축은 인간의 아름다운 생활과 희망을 간직한다. 그러나 그것만으로 끝나지 않는다. 사람들이 공유하는 규칙과 제도, 사상은 건축을 통해 실현된다. 이런 연유로 건축하는 사람들은 '사회가 건축을 만든다'고 말하지만, 그 사회는 결코 선하기만 한 것이 아니다. 사회는 건축을 평탄하게 만든다. '사회가 건축을 만든다'라는 말로 건축을 조종하며 통제한다. 이렇게 바꿔 말해야 한다.

'사회는 건축 뒤에 숨어 있다.'

공업화 사회가 탈공업화 사회로, 정보화 사회로, 지속 가능한 사회로 바뀌고 있다. 이런 가운데 개개인이 고립되고 있다. 그러나 개인은 강하다. 개인은 공동체를 형성하는 단독자로서 새로운 공간을 요구한다. 개인은 이동하고 변화하는 거대 도시의 익명적 존재가 아니다. 아주 작을지라도 생활의 거점을 찾는 이들이다.

건축물은 지역 주민이 주체가 되어 함께 만들어야 하고, 나아가 다음 세대, 미래 주민의 것이어야 한다는 요구도 나타나고 있다. 건축은 사회에 새로운 질서의 규구준승規矩準繩을 제안해야 하고, 사회는 그런 건축을 요구해야 한다. 비움이니 침묵이니 하는 미학적 어휘로 건축가 개인의 취미와 사고를 실현한 작품으로는 현실에 아무 대안을 제시할 수 없다.

건축은 제도를 바꾸고 사회를 비판하며 재구성하는 힘을 가지고 있다. 세상 모든 건축물은 높은 곳에서 드리운 추가 멈출 때 그 수직선을 따라 올라간다. 그리고 사람이 살 수 있도록 수평면을 만든다. 이 구조물의 엄정한 기준선을 만든 도구가 구矩였다. 구는 ㄱ자 모양의 직각자다. 구 이외에 컴퍼스인 규規가 있고, 수평을 재는 준準이 있으며, 직선을 긋는 줄인 승繩이 있었다. 옛날 목수들이 사용하던 네 가지 연장을 규구준승이라고 한다.

규구준승은 인간 사회의 법도를 가리키는 말로 확장

되었다. 규구規矩가 먼저 있고 그 영향을 받아 법도가 생겼다. 법도가 규구준승을 만든 것이 아니었다. 법규法規는 '法'과 '規'를 합친 말이다. 한 점에서 규規를 돌리니 모든 점이 같은 거리에 있음을 보고 평등을 생각했고, 수평을 재는 준準을 보고 승繩을 곧게 대니 울퉁불퉁한 것도, 굽은 나무도 반듯하게 깎을 수 있었다. 건축이 사회에 질서를 주는 것이 아니라면 규구준승이라는 말이 생겨났을 리 없다. 규구준승이란 사회가 만드는 건축이 아니라, 사회를 만드는 건축을 말한다.

건축이 존재하는 원천은 '모든 이의 기쁨'에 있다. 아렌트의 말대로 '모든 이의 기쁨'은 자기 의지로 공적인 장소, 모두가 경험하는 집에 나타나는 것이지, 아름답고 화려한 공간에 매료되는 데서 나오는 것이 아니다. 건축을 통해 지역 사회 사람들이 의지를 가지고 지속적으로 지혜를 실천해야 한다는 것도 값진 기쁨을 오래 간직하기 위해서다. 그러려면 건축 뒤에 숨은 사회를 벗고 우리 사회의 근원적 희망을 드러내는 건축으로 '세계'라는 공간을 찾아나서야 한다. 이것이 아렌트가 말하는 건축의 물화物化일 것이다.

주석

I부 건축은 불순한 학문이다

1 아돌프 로스, 『장식과 범죄』, 현미정 옮김, 미디어버스, 2018, 243~244쪽.
2 Henri Lefebvre, 『Le Droit a la Ville』: 『都市への権利』, 森本和夫(訳), ち
　 くま学芸文庫, 筑摩書房, 2011, p.101, pp.70~72.
3 아돌프 로스, 앞 책, 243쪽.
4 아돌프 로스, 앞 책, 243쪽.
5 "Need is a current, everyday affair. But desire–that is something
　 else again. Desire is the forerunner of a new need. It is the yet not
　 stated, the yet not made which motivates." *Light Is the Theme:*
　 Louis I. Kahn and the Kimbell Art Museum, Kimbell Art Museum,
　 1975, p.69.
6 프란츠 카프카, 『비유에 대하여』, 김성화 옮김, 아름다운날, 2016, 33~35쪽.
7 若林幹夫, 『都市のアレゴリー』, INAX出版, 1999, p.67, p.304.
8 이하 한나 아렌트의 『인간의 조건』 인용문의 페이지는 Hannah Arendt,
　 The Human Conditions, The University of Chicago Press, 2nd
　 Edition, 1998의 것임.
9 스페인 지리학자 프란세스크 무뇨스(Francesc Muñoz)는 도시(urban)
　 와 세속(banal)을 합쳐 'urbanalization(속(俗)도시화)로 설명했다. Francesc

332

Muñoz, *Urbanalization: Landscapes of Post-Industrial Change*, Editorial Gustavo Gili, 2008.

10   '시간지리학(Time Geography)'에서 하는 방식이다.

11   Vergil 또는 Virgil이라 한다. 기원전 70년-19년. 로마의 시성이라 불릴 만큼 뛰어난 시인으로 이후 전유럽의 시성으로 추앙받았고, 단테가 저승의 안내자로 그를 선정할 만큼 위대한 시인이었다.

12   Le Corbusier, *Œuvre complète Volume 2: 1929-1934*, ed. by Willy Boesiger, Birkhäuser, 1995, p.24.

13   김광현, 『건축강의 3-거주하는 장소』, 안그라픽스, 2018, 105~110쪽 참조.

14   서울은 2020년 1/4분기에 10,013,781명이다.

15   池上惇, 『生活の芸術化 ラスキン′モリスと現代 (丸善ライブラリー)』, 1993, pp.135~143.

16   이 책 148쪽을 참조.

17   이 책 134쪽을 참조.

2부   건축 뒤에 숨은 사회를 발견하다

1   石毛直道, 『住居空間の人類学』, 鹿島出版会, 1971, p.246.

2   앙리 르페브르, 『공간의 생산』, 양영란 옮김, 에코리브르, 2011년, 71쪽.

3   Claude Lévi-Strauss, *Structural Anthropology*, trans. Claire Jacobson and Brooke Grundfest Schoepf, Basic Books, 1963, p.289.

4   Herman Hertzberger, *Space and Architect: Lessons in Architecture 2*, Nai010 Publishers, 2013, p.154.

5   Herman Hertzberger, *Space and the Architect*, Galgiani, 2000, p.122.

6   옥상에 대한 흥미 있는 관찰과 기술로는 『옥상의 공간사회학』(전상인 · 김미영, 건축도시공간연구소, 2013)이 있다.

7   Spiro Kostof, *A History of Architecture: Settings and Rituals*, Oxford University Press(2nd edition), 1995.

8   Alessandra Latour(ed.), Silence and Light, *Louis I. Kahn: Writings, Lectures, Interviews*, Rizzoli, 1991, p.239.

9   앙리 르페브르, 앞 책, 228~229쪽.

10   앙리 르페브르, 앞 책, 165쪽.

11   앙리 르페브르, 앞 책, 86쪽.

12 앙리 르페브르, 앞 책, 268쪽.

13 Hannah Arendt, p.64.

14 Hannah Arendt, p.63.

15 Hannah Arendt, p.64.

16 Hannah Arendt, *On Revolution*, reprinted in Penguin Books, 1990, p.31.

17 Hannah Arendt, *On Revolution*, reprinted in Penguin Books, 1990, p.31.

18 Leonardo Benevolo, *Storia della città(1)*, Copertina flessibile, 1993, p.109.

19 Hannah Arendt, *On Revolution*, reprinted in Penguin Books, 1990, p.31.

20 Hannah Arendt, p.63.

21 아군 참호와 상대편 참호 사이. 점유되지 않거나 공포 혹은 불확실성 때문에 분쟁 중인 곳.

22 Hannah Arendt, p.30.

23 Lewis Mumford, *The City in History: Its Origins, Its Transformations, and Its Prospects*, Penguin Book, 1966, p.439.

24 Hannah Arendt, p.70.

25 Hannah Arendt, p.97.

26 Hannah Arendt, p.137.

27 "For this reason, buildings, among all art objects, come the nearest to expressing the stability and endurance of existence. They are to mountains what music is to the sea. Because of its inherent power to endure, architecture records and celebrates more than any other art the generic features of our common human life." John Dewey, *Art as Experience*, Perigee Books, 1980, p.230.

28 Hannah Arendt, p.52.

29 Hannah Arendt, p.95.

30 John Dewey, 앞 책, pp.221~222.

31 Hannah Arendt, p.198.

32 homo faber의 번역어는 '공작인(工作人)'이며, 인간의 특성과 본질이 물건이나 연장을 만들어 사용하는 데 있다고 보는 인간관이다. '제작인'이라는 번역이 있으나 이는 사전에 없는 말이다.

33 Hannah Arendt, p.136, no.1.

34 Hannah Arendt, p.143.

35 Hannah Arendt, pp.58~59.

36 Hannah Arendt, p.29.

37 Hannah Arendt, p.28.

38 Hannah Arendt, p.40.

39 Hannah Arendt, p.41.

40 Hannah Arendt, p.46.

41 Hannah Arendt, p.38.

42 Hannah Arendt, p.40.

43 今村仁司,『市民社会化する家族』, 現代思想の系譜学(ちくま学芸文庫), 筑摩書房, 1993, pp.319~327.

44 Hannah Arendt, p.39.

45 Hannah Arendt, p.68.

46 Hannah Arendt, p.68.

47 Hannah Arendt, p.165.

48 Hannah Arendt, p.46.

49 Hannah Arendt, p.41.

50 Hannah Arendt, p.23.

51 Hannah Arendt, pp.52~53.

52 미셸 푸코,『헤로토피아』, 이상길 옮김, 문학과지성사, 2014, 87쪽.

53 미셸 푸코, 앞 책, 67쪽.

54 Hannah Arendt, p.40.

55 Hannah Arendt, p.69.

56 Hannah Arendt, p.41.

57 Hannah Arendt, p.40.

58 Hannah Arendt, p.93.

59 Hannah Arendt, p.223.

60 Hannah Arendt, p.225.

61 Hannah Arendt, p.221.

62 Hannah Arendt, p.40.

63 Hannah Arendt, p.201.

64 Hannah Arendt, *On Revolution*, reprinted in Penguin Books, 1990, p.248.

65 시설을 나타내는 facility와 구별해야 한다. "시민이 가볍게 운동할 수 있는 시설이 필요하다"라고 할 때 이 시설은 대체로 특정한 목적에 맞춰 합리적인 쓰임새를 가진 건물을 뜻한다. "시설에 보낸다"처럼 부정적인 느낌을 주는 경우와도 구분된다.

66 ミシェル・フーコー, 『監獄の誕生 監視と処罰』, 田村俶(訳), 新潮社, 1977, p.224; 미셸 푸코, 『감시와 처벌: 감옥의 탄생(번역 개정판)』, 오생근 옮김, 나남, 2016.

67 James S. Ackerman, *Palladio*, Penguin Books, 1978, p.53.

3부   건축을 소비한다는 것

1 미셸 푸코, 『헤로토피아』, 이상길 옮김, 문학과지성사, 2014, 54쪽.

2 푸코는 이 공간에 운송 수단, 거리, 기차(이동 관계), 카페, 영화관, 해변(일시적인 정지 집합), 집, 침실, 침대(닫히거나 반만 닫힌 휴식 배치) 등의 관계가 있다고 했다. 미셸 푸코, 앞 책, 46쪽.

3 ベンヤミン・コレクション, 浅井健二郎, 久保哲司(翻訳) 『(1), 近代の意味』(ちくま学芸文庫), 筑摩書房, 1995, p.345.

4 Anne Massey, *Interior Design of the 20th Century*, Thames & Hudson, 1990, p.163. 재인용.

5 山本理顕, 『権力の空間/空間の権力』(講談社選書メチエ), 講談社, 2015, pp.70~75.

6 미셸 푸코, 앞 책, 54쪽.

7 미셸 푸코, 앞 책, 19쪽.

8 *Learning from Las Vegas: The Forgotten Symbolism of Architectural Form revised edition*, The MIT Press, 1977, p.50.

9 발레리 줄레조, 『아파트 공화국』, 길혜연 옮김, 후마니타스, 2007.

10 Joan Ockman, Keith Eggener(ed.), Mirror Image: Technology, Consumption and the Representation of Gender in American Architecture since World War Ⅱ, *American Architectural History: A Contemporary Reader*, Routledge, 2004, p.342.

11 Jilly Cooper, *Class*, Corgi, 1999.

12 『어디 사세요?』가 제목인 책도 있다. 『경향신문』 특별 취재팀, 『어디 사세요? 부동산에 저당 잡힌 우리 시대 집 이야기』, 사계절, 2010.

13 손낙구, 『부동산 계급사회』, 후마니타스, 2008.

4부 건축이 모두의 기쁨이 되려면

1   1부 3장 '주거와 유목의 경계에서', 주거와 도시, 83〜87쪽.
2   Norman Crowe, *Nature and the Idea of a Man-Made World*, The MIT Press, 1997, p.34.에서 재인용.
3   Stewart Brand, *How Buildings Learn: What Happens After They're Built*, Penguin Books, 1995, p.5.
4   Stewart Brand, 앞 책, p.5.
5   우리나라 건축계는 '건축'을 정신적인 것으로 높이는 반면, '건물'은 정신이 없는 물질 덩어리, 부동산 가치를 가진 것 정도로 폄하하는 경향이 강하다.
6   김광현, 『건축강의 9-시간의 기술』, 안그라픽스, 2018, 94〜96쪽.
7   Hannah Arendt, p.55.
8   Hannah Arendt, p.55.
9   Hannah Arendt, p.8.
10 남경신, 『한국어용법 핸드북』, 모멘토, 2005, 176쪽.
11 2부 1장 '사회는 공간적, 공간은 사회적', 공간의 생산, 공간의 실천, 95〜103쪽.
12 "Lessons learned: Yona Friedman Quotes", https://archeyes.com/yona-friedman-quotes/
13 지가 싼 교외나 도시 중심부에 주거·상업 시설을 밀집시켜 기본적으로 도보나 전차, 버스로 이동하면서 자동차를 사용하지 않는 범위로 압축하고, 공공 시설, 도로, 상하수도 등 사회 자본의 유지 관리 비용을 줄인 도시 모델.
14 이영범·염철호, 『건축과 도시, 공공성으로 읽다』, 건축도시공간연구소, 2011년, 13쪽.
15 Albert D. Van Nostrand(ed.), Literary Criticism in America, New York, The Liberal Arts Press, 1957, p.290.
16 Hannah Arendt, pp.208〜209.
17 Martin Heidegger, *Poetry, Language, Thought*, Harper & Row, 1971, p.161.
18 레이 올든버그, 『제3의 장소』, 김보영 옮김, 풀빛, 2019, 8쪽.
19 김다은, 『혼밥생활자의 책장』, 나무의 철학, 2019년, 28쪽, 264쪽.

20 Spiro Kostof, *A History of Architecture*, Oxford University Press, 1995, p.137.

21 김광현, 『건축강의 1-건축이라는 가능성』, 안그라픽스, 2018, 167~170쪽. 건축가 마키 후미히코는 이 세 단계를 건축의 '공간화', '건축화', '사회화'라고 불렀다. 槇文彦, 『漂うモダニズム』, 左右社, 2013, pp.28~43.

22 김광현, '건축으로 읽는 일상 풍경', 『문화일보』, 2018.9.12.

23 Hannah Arendt, p.140.

24 Hannah Arendt, p.141.

25 Steen Eiler Rasmussen, *Experiencing Architecture*, The MIT Press, 1964, p.12.

26 Hannah Arendt, p.204.

27 Hannah Arendt, p.208.

KI신서 9640

건축, 모두의 미래를 짓다

1판 1쇄 발행 2021년 4월 16일
1판 5쇄 발행 2024년 7월 12일

지은이 김광현
펴낸이 김영곤
펴낸곳 ㈜북이십일 21세기북스

서가명강팀장 강지은 **서가명강팀** 박강민 서윤아
디자인 THIS-COVER
출판마케팅영업본부장 한충희
마케팅2팀 나은경 정유진 백다희 이민재
출판영업팀 최명열 김다운 김도연 권채영
제작팀 이영민 권경민

출판등록 2000년 5월 6일 제406-2003-061호
주소 (10881) 경기도 파주시 회동길 201 (문발동)
대표전화 031-955-2100 **팩스** 031-955-2151 **이메일** book21@book21.co.kr

(주)북이십일 경계를 허무는 콘텐츠 리더

21세기북스 채널에서 도서 정보와 다양한 영상자료, 이벤트를 만나세요!
페이스북 facebook.com/jiinpill21   포스트 post.naver.com/21c_editors
인스타그램 instagram.com/jiinpill21   홈페이지 www.book21.com
유튜브 youtube.com/book21pub
서울대 가지 않아도 들을 수 있는 명강의! 〈서가명강〉
유튜브, 네이버, 팟캐스트에서 '서가명강'을 검색해보세요!

ISBN 978-89-509-9483-9 04300
      978-89-509-7942-3 (세트)